INVENTAIRE
V30518

ARCHÉOLOGIE

DES

JEUNES FILLES

COURS

DÉDIÉ AUX ÉLÈVES DES URSULINES

CLERMONT-FERRAND,
TYPOGRAPHIE DE FERDINAND THIBAUD,
Imprimeur de Mgr l'Évêque et du Clergé,
Rue Saint-Genès, 8-10.

1874.

A Madame la Supérieure des Religieuses Ursulines de Clermont-Ferrand.

MADAME ET RÉVÉRENDE MÈRE,

Vous avez désiré que le Cours d'Archéologie, préparé par vos Sœurs, fût soumis à mon appréciation. J'ai accepté cette tâche par déférence, sentant bien que ma compétence en ces matières était loin d'être infaillible.

Mais je dois dire que mon rôle de conseiller est devenu très-facile par la façon remarquable dont ce travail, résultat de recherches considérables, a été accompli.

Le résumé de la science archéologique, condensé en quelques pages, est parfaitement proportionné à l'étendue des connaissances suffisantes à vos jeunes élèves, et les bases de cet enseignement, nouveau pour vos maisons, sont cependant assez développées pour que les élèves qui voudraient pousser plus loin l'étude de l'Archéologie, puissent le faire avec certitude d'être dans la bonne voie.

C'était une excellente pensée que celle de terminer l'instruction des jeunes filles par quelques notions archéologiques, afin que, dans le monde où elles vont entrer, elles ne soient pas étrangères à la langue technique qu'on est convenu d'employer en parlant des divers styles d'architecture.

Cette science est aussi le complément indispensable de l'histoire de l'Église dont on peut suivre les développements dans les divers monuments religieux. C'est la pensée qui a surtout dominé dans la rédaction de ces cahiers d'archéologie.

Je ne puis donc, en toute sincérité, qu'applaudir à la pensée qui a conçu le projet et à la plume habile qui l'a exécuté ; tout en exprimant le vœu que cette heureuse innovation soit féconde en bons résultats et qu'elle soit imitée partout.

C'est dans ces sentiments que je vous prie,

Madame et Révérende Mère,

d'agréer l'assurance du respectueux dévouement de votre très-humble et obéissant serviteur,

Em. THIBAUD.

Clermont-Ferrand, le 30 octobre 1874.

NOTIONS PRÉLIMINAIRES.

L'*Archéologie*, d'après son étymologie grecque, est la science complète des choses anciennes. Cette science s'acquiert par l'étude des monuments matériels de toutes sortes; c'est la preuve sensible venant à l'appui de l'histoire.

Au service de la *Religion*, elle s'élève jusqu'à l'apologétique catholique et devient la confirmation du dogme; à ce point de vue, son importance n'a pas besoin d'être prouvée.

Suivant l'objet de ses recherches, l'Archéologie se divise en quatre parties principales d'où naissent des subdivisions :

1°. L'*Architecture*; 2°. la *Sculpture* et toutes ses branches, *Ciselure*, *Statuaire*, etc. ; 3°. la *Peinture* et ses différents procédés ; 4°. la *Gravure*, que l'on nomme *Numismatique*, si elle est la science des monnaies et des médailles ; *Glyptographie*, si elle décrit les pierres fines gravées, et enfin *Paléographie*, lorsqu'elle a pour objet les anciennes inscriptions.

L'*Architecture* n'est pas seulement l'art de bâtir d'après des règles fixes et des proportions convenables; elle est aussi la science qui fait apprécier, à certains caractères, l'âge et la destination des monuments proprement dits.

Son histoire sera l'objet essentiel de ce petit cours; les autres branches de l'archéologie n'y trouveront place que par accompagnement.

Il sera traité, dans un second cours, de l'*Iconographie* chrétienne, c'est-à-dire, des règles adoptées par les sculpteurs et les peintres pour représenter les figures historiques ou symboliques, sensibles ou immatérielles dont la Religion nous fournit le sujet.

On appelle *Style*, en architecture, le caractère imprimé à tous les monuments d'une même époque.

Le *Style modèle* existe dans la nature, dont l'art est une imitation. Quelle colonne plus élancée que le stipe du palmier; quel chapiteau plus élégant que sa couronne de feuillage; quelle ornementation plus gracieuse que les hélices décrites par les liserons et par la vigne; quelles voûtes plus hardies que celles des forêts profondes où les arbres séculaires entrelacent leurs rameaux!

On doit pourtant remarquer que l'architecture est, de tous les arts, celui qui emprunte le moins à la nature, bien qu'il soit, en apparence, le plus tributaire de l'élément matériel.

L'architecture naquit du besoin de se loger; à son début, elle se résume tout entière dans la *tente*, la *cabane* et la *grotte factice*, imitation des grottes naturelles. Quand les Chaldéens commencent à élever des maisons en briques, et les Grecs, des maisons en bois, on ne peut guère lui donner d'autre nom que celui de *bâtisse*, le seul qui convienne à toute construction dont la forme n'est point arrêtée, dont le but est purement matériel.

A quelle époque, et chez quel peuple, apparaît pour la première fois l'art véritable? C'est ce qu'il serait difficile de préciser, parce que l'art suit les progrès de la civilisation et ne se montre pas à heure fixe.

L'histoire nous apprend qu'au temps de Sémiramis, il enfantait des merveilles à Babylone; mais rien n'est resté de ces féeriques monuments, tandis que les *Pyramides* d'Egypte, qui ne leur cèdent guère en antiquité, sont toujours debout. Le voyageur admire particulièrement celles de Djizeh près des ruines de Memphis. C'est donc sur la terre des Pharaons que l'on peut étudier le premier style d'architecture, style étonnant par la solidité et les proportions colossales, toutefois, sans autre grandeur que la grandeur linéaire.

Le style égyptien n'a pas seulement enfanté les pyramides, mais encore des *temples*, des *palais*, des *obélisques*, etc.

Un des principaux caractères de cette architecture, c'est l'absence complète de voûte. Des pierres d'une grande largeur forment le plafond et s'appuient sur des colonnes massives, tantôt rondes, tantôt à quatre ou six faces. Les chapiteaux sont extrêmement variés, mais sévères, et peuvent tous se rapporter à trois formes : la forme quadrangulaire, la forme évasée et la forme bombée. Quant aux statues, bien que remarquables par un cachet de grandeur et de noblesse, elles manquent de vie et de mouvement. Enfin l'art de graver les inscriptions est remarquable chez les Egyptiens : il a produit ces *hiéroglyphes* qui sont la principale ornementation de leurs édifices, et qui, après être demeurés énigmatiques pendant deux mille ans, ont été déchiffrés, de nos jours, par le français Champollion.

Les plus beaux débris de l'architecture égyptienne se trouvent à Karnak, à Esneh, à Louqsor, sur les ruines de Thèbes, et à Denderah.

Les principaux styles d'architecture sont, avec le *Style égyptien* : le *Style grec*, le *Style romain*, le *Style byzantin*, le *Style arabe*, le *Style roman*, le *Style-ogival*, le *Style de la Renaissance*.

D'après la destination et la nature de ses monuments, l'architecture admet deux grandes divisions : 1°. l'*Architecture religieuse*; 2°. l'*Architecture profane*.

La première s'occupe des édifices consacrés à la célébration d'un culte vrai ou faux; la seconde, de tous les autres édifices.

On la subdivise en *Architecture civile*, *Architecture militaire*, *Architecture navale*.

L'architecture civile embrasse les monuments privés ou publics destinés aux nombreux usages des habitants d'une cité ; elle a pour dépendance l'*Architecture rurale* ou des campagnes. L'architecture militaire est une branche de la science des fortifications. L'architecture navale s'occupe des navires, ports, arsenaux maritimes, etc.

L'architecture a traversé cinq grandes phases ou périodes qui donnent lieu à d'autres divisions de cet art : 1°. l'*Architecture classique* ou *païenne* ; 2°. l'*Architecture barbare*, dite *celtique* ; 3°. l'*Architecture chrétienne* ; 4°. l'*Architecture de la Renaissance* ; 5°. l'*Architecture moderne* et *contemporaine*.

Toutefois, la phase celtique n'est en elle-même qu'un épisode privé dans l'histoire de l'architecture ; si on la fait concourir à l'enchaînement général, c'est à cause des monuments druidiques encore existants sur notre sol.

Tous les styles se retrouvent dans ces différentes divisions et y seront successivement expliqués, les uns comme imprimant leur cachet à l'époque ; les autres comme plus ou moins mêlés au style principal.

VOCABULAIRE
POUR L'INTELLIGENCE DES NOTIONS PRÉLIMINAIRES.

Monument. — Dans son acceptation particulière, ce mot s'applique à toute construction architecturale un peu importante et d'utilité publique. Dans son acception générale, il signifie : *je rappelle*, et on le définit : toute *marque* destinée à perpétuer le souvenir d'un événement mémorable ou d'un personnage important, à faire connaître à la postérité quelque chose de l'histoire d'un peuple. Un monument, dans le sens archéologique, atteste principalement l'état de l'art chez les anciens, comme aussi leurs coutumes, leurs mœurs, leur religion ou leur mythologie.

Pyramide. — Monument à base carrée ou rectangulaire, et dont le volume diminue graduellement jusqu'au sommet, où il se termine par une petite plate-forme qui, à distance, fait l'effet d'une pointe. Il s'agit ici d'un monument historique : la figure qu'on nomme pyramide en géométrie peut avoir une base triangulaire, quadrangulaire ou pentagonale.

Les pyramides d'Egypte avaient été bâties pour la sépulture des rois et des animaux sacrés. Selon quelques-uns, elles auraient servi de magasins de blé ou de digues contre les sables du désert.

Obélisque. — Pyramide quadrangulaire et très-effilée, ordinairement d'un seul bloc ; elle est couverte de caractères hiéroglyphiques depuis la base jusqu'au sommet.

Hiéroglyphes. — Caractères d'écriture représentant soit les idées, soit les mots ou les lettres, par l'imitation plus ou moins exacte d'objets matériels : de là leur répartition en signes *idéographiques* et en signes *phonétiques*, c'est-à-dire, susceptibles de rendre un son. Les plus antiques monuments d'Egypte n'ont pas d'hiéroglyphes.

ARCHÉOLOGUE.

Champollion, né à Figeac (Lot), en 1790, décédé en 1831, après s'être adonné à l'étude des antiquités égyptiennes, avoir expliqué les Hiéroglyphes et fondé à Paris un musée égyptien. Champollion-Figeac, son frère aîné, a continué ses travaux et publié ses manuscrits.

PREMIÈRE PARTIE.

Architecture classique ou païenne.

On appelle *Architecture classique* l'architecture étudiée comme modèle dans les écoles officielles, à cause de la pureté de ses lignes et de la régularité de ses proportions. La dénomination de *païenne* rappelle l'époque de sa naissance, et la met en opposition avec l'architecture essentiellement religieuse du moyen âge.

Mais, comme après le triomphe de celle-ci, elle est encore demeurée le type des belles lignes, on se contente parfois de la nommer *Architecture proprement dite* ou simplement *Architecture*.

L'architecture classique comprend deux styles : 1°. le *Style grec* ; 2°. le *Style romain*.

Nul doute que les Grecs n'aient reçu des Assyriens, des Phéniciens, et surtout des Egyptiens, leurs premières données architecturales ; mais ils les transformèrent avec une originalité qui les a rendus créateurs. Les Romains, après avoir emprunté les premiers rudiments de l'art aux Etrusques, et s'être perfectionnés au contact de la civilisation grecque, inventèrent à leur tour.

L'architecture classique se retrouve essentiellement dans ce qu'on appelle un *Ordre*.

L'ordre, en architecture, est un arrangement régulier de parties saillantes pour former un beau tout.

Ces parties sont au nombre de trois : le *piédestal*, la *colonne* et l'*entablement*. Si l'une d'elles vient à manquer, l'ordre est incomplet.

Le piédestal supporte la colonne ; il admet trois subdivisions : la *base*, le *dé* ou corps même du piédestal et la *corniche*.

Quand le piédestal règne tout autour d'un édifice, et porte une rangée de colonnes, on l'appelle *stylobate* ou *soubassement*.

La colonne a également une *base*, un corps que l'on appelle *fût* ; elle se termine par une sorte de couronne désignée sous le nom de *chapiteau*. Le fût est quelquefois lisse, quelquefois creusé de cannelures.

La colonne a pour équivalent le *pilastre* qui en diffère seulement par sa forme carrée, tandis que celle de la colonne proprement dite est cylindrique.

L'entablement s'appuie sur le chapiteau par l'*architrave* ; il se continue par la *frise* où se placent les inscriptions et les bas-reliefs ; il s'achève par la *corniche* qui surmonte tout l'ordre.

Chaque subdivision des parties essentielles de l'ordre est un ensemble de *moulures*, en d'autres termes un *profil*.

On entend par moulure tout ornement, en saillie ou en retrait, concourant à la formation de dessins qui se répètent avec une telle uniformité, sur un même membre d'architecture, qu'on les dirait sortis d'un moule.

Toutes les moulures peuvent être réparties en trois groupes principaux : 1°. les moulures *carrées* ou *droites* ; 2°. les moulures *rondes* ou *circulaires* ; 3°. les moulures *composées* ou *mixtes*.

Au groupe des moulures carrées appartiennent : le *filet*, le *larmier*, la *plate-bande*.

Le filet est une petite moulure destinée à séparer deux moulures plus grandes, ou les cannelures d'une colonne.

On nomme larmier une moulure très-saillante, creusée en dessous, et placée dans les corniches pour préserver le bâtiment des eaux du ciel.

La plate-bande a moins de saillie que de largeur ; elle est plate et unie, comme l'indique son nom.

Au groupe des moulures rondes appartiennent : la *baguette*, le *tore* ou *boudin*, la *gorge*, le *quart-de-rond* et le *congé*.

La baguette n'est pas autre chose qu'un filet arrondi en demi-cercle.

Une grosse baguette se nomme tore ou boudin.

On appelle gorge une moulure concave ; en d'autres termes, un creux demi-circulaire.

Le quart-de-rond, comme son nom l'indique, est formé par un quart de cercle.

Le quart-de-rond dont le centre est en dehors se nomme congé ou *cavet*.

Au groupe des moulures composées appartiennent : le *talon*, la *doucine*, la *scotie* et l'*astragale*.

Le talon est une moulure concave par le bas et convexe par le haut ; elle se compose d'un quart-de-rond et d'un congé raccordés.

La doucine a aussi un côté concave et un côté convexe, seulement en sens inverse du talon.

La scotie diffère du talon et de la doucine en ce que les centres sont à volonté. Elle est bordée de deux filets plats et sert à lier deux tores dans la base d'une colonne corinthienne.

L'astragale se compose d'une baguette, d'un filet et d'un congé. Cette moulure forme la base des chapiteaux et porte immédiatement sur le fût de la colonne.

Telles sont les moulures fondamentales : il faut les considérer comme des ornements indispensables et élémentaires dans lesquels on peut tailler des ornements accessoires, ou ornements proprement dits, qui se nomment *entrelacs*, *oves*, *perles*, *denticules*, etc.

Les plus beaux dessins ou profils sont les moins chargés de moulures, ceux où elles présentent un mélange alternatif de carrées et de rondes, de petites et de grandes.

L'architecture classique admet cinq ordres : le *dorique*, l'*ionique*, le *corinthien*, le *toscan* et le *composite*. Les trois premiers sont d'origine grecque et furent adoptés par les Romains ; les deux autres appartiennent aux Romains eux-mêmes.

Voici les détails relatifs à chacun de ces ordres :

1°. ORDRE DORIQUE. Frise ornée de *triglyphes* et de *métopes*; *gouttes* dans l'architrave; chapiteau formé par de simples moulures; fût cannelé et primitivement sans base. Les modernes ont affecté à cet ordre ce qu'ils appellent la *base attique*, pour la distinguer de la base toscane à peu près semblable.

L'ordre dorique, le plus régulier et le plus mâle de tous les ordres, rappelle la simplicité de l'architecture égyptienne et semble appartenir au premier âge de la civilisation grecque; il tire son nom de Dorus, fils d'Hellen.

Type conservé : *Parthénon d'Athènes*. Ce temple, dédié à Minerve, fut élevé sous Pisistrate, détruit par les Perses et rétabli plus beau par Périclès. Quelques parties des murs subsistent encore, ainsi qu'une vingtaine de colonnes, avec un nombre égal d'architraves.

2°. ORDRE IONIQUE. Chapiteau à grandes *volutes*; corniche décorée de moulures d'un *galbe* fin; frise continue; emploi de la base depuis Vitruve. Les architectes modernes substituent quelquefois la base attique à la base primitive.

L'ordre ionique, plus élégant que le premier, remonte au second âge de la civilisation grecque, et prit naissance en Ionie pour la construction du fameux temple de Diane à Éphèse.

Type conservé : *Temple de Minerve Polliade*.

3°. ORDRE CORINTHIEN. Chapiteau à deux rangées de feuilles d'*acanthe*, dont l'enroulement produit de petites *volutes*; *modillons* et *denticules* dans la corniche de l'entablement; frise souvent ornée de *rinceaux* ou de *bas-reliefs*.

L'ordre corinthien, le plus élégant de tous les ordres, fut inventé à Corinthe par Callimaque.

Type conservé : *tour octogone* ou *Temple des Vents*.

ORIGINE DU CHAPITEAU CORINTHIEN D'APRÈS VITRUVE.

Une jeune fille de Corinthe étant morte subitement, sa nourrice déposa sur son tombeau une corbeille remplie des bijoux qu'elle avait aimés, et la recouvrit d'une large tuile. Le même terrain abritait une racine d'acanthe ; on le reconnut bientôt à l'apparition d'un ample feuillage qui, cherchant à suivre les contours de la corbeille et venant à rencontrer les coins de la tuile, se vit réduit à se recourber en volute. Callimaque, surnommé l'industrieux par les Athéniens, conçut, de ce poétique ensemble, l'idée d'un chapiteau, auquel son génie imprima le cachet de grâce et de noblesse qui en a fait le chef-d'œuvre de l'architecture.

4° ORDRE TOSCAN. Cet ordre est analogue à l'ordre dorique, mais sans aucune ornementation. C'est le plus simple et le plus ancien de tous les ordres ; il remonte aux Etrusques.

Type conservé : Colonne trajane. Bien qu'appartenant à l'ordre qualifié de rustique, la colonne trajane est un des plus beaux vestiges de l'architecture romaine et du monde, à cause des magnifiques bas-reliefs dont elle est couverte de la base au sommet.

Le pape Sixte-Quint la fit réparer et remplaça, par la statue de saint Pierre, celle de Trajan qui avait disparu.

5°. ORDRE COMPOSITE *ou* ORDRE ROMAIN. Dans sa forme primitive, cet ordre ne diffère du corinthien que par une plus grande profusion d'ornements, qui le rend d'un goût moins pur, et par son chapiteau où l'on retrouve l'union de la corbeille d'acanthe avec les volutes ioniques. Dans sa forme dégénérée, c'est une alliance de tous les ordres. La création de l'ordre composite fut le résultat des progrès du luxe chez les Romains, après la conquête définitive des provinces grecques, l'an 146 avant J.-C.

Type conservé : Arc de Titus.

Pour établir un ordre quelconque, sur une hauteur déterminée, il faut diviser cette hauteur en dix-neuf parties égales, en donner quatre au piédestal, douze à la colonne et trois à l'entablement : de cette manière, le piédestal a le tiers de la colonne, l'entablement en a le quart.

Cela fait, on divise de nouveau la hauteur de la colonne en sept parties égales, si l'on veut établir l'ordre toscan ; en huit, si l'on veut établir l'ordre dorique ; en neuf pour l'ordre ionique, en dix pour l'ordre corinthien et l'ordre composite.

Chaque partie équivaut mathématiquement au diamètre inférieur du fût, et la moitié, au rayon de sa plus grande circonférence : je dis de sa plus grande circonférence, parce que la colonne classique est un cylindre qui diminue en s'élevant.

Le rayon une fois connu, devient, en terme d'architecture, ce qu'on appelle un *module*, c'est-à-dire, la mesure dont on se sert, non-seulement pour régler les proportions de la colonne, mais encore celles de l'ordre entier et de toutes ses saillies. On voit que cette mesure varie suivant la grosseur du fût, qu'elle est par conséquent conventionnelle et arbitraire, et n'a rien de commun avec les mesures fixes, soit anciennes, soit nouvelles, que l'arithmétique nous fait connaître.

Vignole divise le module en 12 parties pour les ordres massifs, savoir, le toscan et le dorique ; en 18 parties pour les ordres délicats, savoir, l'ionique, le corinthien et le composite.

D'après les principes ci-dessus énoncés, la colonne toscane doit avoir 14 modules, c'est-à-dire, sept fois son diamètre inférieur. La hauteur totale de l'ordre toscan est de 22 modules, 2 parties.

La colonne dorique doit avoir 16 modules, c'est-à-dire, huit fois son diamètre inférieur. La hauteur totale de l'ordre dorique est de 25 modules, 4 parties.

La colonne ionique doit avoir 18 modules, ou neuf fois son diamètre inférieur. La hauteur totale de l'ordre ionique est de 28 modules, 6 parties.

La colonne corinthienne a 20 modules, ou dix fois son diamètre inférieur. La hauteur totale de l'ordre corinthien est de 31 modules, 8 parties.

La colonne composite a 20 modules, ou dix fois son diamètre inférieur. La hauteur totale de l'ordre composite est de 31 modules, 8 parties.

La plupart des auteurs modernes divisent le module en 30 parties pour tous les ordres.

Si l'ordre se réduit à trois parties saillantes, dont chacune présente autant de subdivisions formées de moulures, le nombre des parties additionnelles est plus arbitraire; on peut les résumer dans le *fronton*, l'*arcade* et l'*archivolte*; les *impostes* et les *pieds-droits* ou *jambages*.

Le fronton est une petite construction ornementale, primitivement triangulaire et uniquement destinée à couronner toute l'ordonnance des grands édifices religieux, en s'appuyant sur la corniche de l'entablement, dont elle reproduit les moulures. Le fronton devient alors la corniche finale. L'abus du fronton en a multiplié les formes et les usages; aujourd'hui encore, on le retrouve plus souvent sur les portes et les fenêtres des édifices, qu'au sommet de l'édifice lui-même. L'espace compris entre les moulures du fronton s'appelle *tympan*; tantôt il est nu, tantôt orné de bas-reliefs ou d'inscriptions.

Toute ouverture en forme d'arc porte le nom d'arcade.

La moulure ou l'ensemble des moulures qui suit le contour de l'arcade est une archivolte.

Chaque extrémité de l'arcade et de l'archivolte repose sur une assise qui est l'imposte.

Les impostes, couronnent des constructions perpendiculaires, que l'on désigne sous le nom de jambages ou pieds-droits.

En adoptant ou créant des ordres, les Romains les superposèrent en étages pour les édifices civils, et rendirent ainsi leurs constructions plus vastes que celles des Grecs. De plus, on leur doit l'addition des piédestaux et des bases de la colonne, sauf dans l'ordre dorique, où ils n'en firent pas plus usage que leurs devanciers.

Quant aux parties ajoutées à l'ordre, les Grecs furent les créateurs du fronton, qui devint le caractère de leur architecture; les Romains l'adoptèrent, et eurent, à leur tour, l'initiative de l'arcade ou la reçurent des Etrusques : non contents d'en faire l'application aux portes et aux fenêtres de leurs édifices, ils la substituèrent souvent à l'architrave de l'ordonnance générale. C'est ainsi qu'ils élevèrent le Colisée, le Môle d'Adrien, etc.

Les Grecs ne connurent pas plus la voûte que l'arcade; les Romains commencèrent à en faire usage, mais il ne devait être donné qu'à l'art chrétien de la généraliser et de la porter à sa plus haute puissance.

Telles sont les analogies et les différences les plus remarquables qui existent entre le *style grec* et le *style romain* : on peut dire que l'élégance est le cachet du premier; la solidité et la grandeur, le cachet du second; la régularité, le cachet des deux.

L'art doit aux Papes la conservation des antiques monuments de Rome.

VOCABULAIRE
POUR L'INTELLIGENCE DE LA PREMIÈRE PARTIE.

Cannelure. — Sillon longitudinal creusé sur le fût d'une colonne ou la face d'un pilastre. On distingue trois sortes de cannelures : la *cannelure torse* qui tourne en spirale; la *cannelure à vive arête*, qui est peu creusée; la *cannelure ornée*, dont l'intérieur contient, soit des feuilles qui serpentent, soit des filets ou des baguettes qu'on nomme *rudentures*. La forme des rudentures peut être comparée à celle d'un bâton, d'une corde ou d'un roseau. Tantôt cette ornementation n'existe que par intervalles, tantôt elle s'étend sur toute la longueur du fût.

Bas-relief. — Ouvrage de sculpture très-peu saillant, et engagé presque tout entier dans le bloc, soit qu'il y tienne dès le principe, soit qu'on l'y ait appliqué.

On distingue encore les figures en *demi-relief*, dont la saillie égale la moitié de leur épaisseur, et les figures de *haut-relief*, presque entièrement détachées du fond.

Dans son sens le plus général, le mot bas-relief réunit les trois dénominations, et signifie simplement une sculpture plus ou moins relevée en bosse.

Retrait. — Réduction ou diminution du volume d'un corps.

Entrelacs. — Ornements formés par des fleurons entrelacés.

Ove. — Ornement en forme d'œuf. Ce mot sert encore à désigner toute moulure dont le profil est un quart de cercle ou quart-de-rond. On appelle *oves fleuronnés* les oves entourés de feuilles.

Perles. — Rangée de petits grains.

Denticule. — Ornement disposé en petit carré ou en petit rectangle.

Triglyphe. — Ornement composé de deux demi-cannelures sur les côtés, et de deux cannelures en triangle dans la partie médiane, ce qui fait en tout trois cannelures, séparées par autant de rainures verticales et profondes que l'on nomme *glyphes* ou *canaux*.

Métope. — Intervalle carré qui sépare les triglyphes de la frise dorique. Les métopes peuvent recevoir des ornements arbitraires et propres au lieu où l'ordre est élevé : ceux que les anciens avaient coutume d'employer étaient spécialement des vases, des patères, des têtes de bœufs.

Gouttes. — Ornements taillés, en forme de gouttes d'eau ou de clochettes, au bas des triglyphes. Les gouttes pénètrent dans l'architrave, tout en complétant une décoration de la frise.

Volute. — Enroulement spiral des chapiteaux ionique, corinthien, composite et de certains modillons.

Galbe. — Ensemble des contours d'un vase, d'une statue, d'un dôme, d'un fût de colonne, d'une pièce quelconque d'architecture ou de sculpture. Ce mot emporte toujours l'idée de forme gracieuse.

Modillon. — Ornement plus ou moins carré ou rectangulaire, quelquefois en forme d'*S*, qui se place sous le larmier de la corniche, particulièrement dans l'ordre corinthien. On appelle *denticules* de très-petits modillons; ceux de la corniche dorique portent le nom particulier de *mutules*.

Rinceau. — Feuillage ornemental plus ou moins contourné.

Assise. — Rang de pierres posées de niveau, c'est-à-dire, à la même hauteur et dans le sens horizontal.

ARCHITECTES.

Callimaque, florissait à Corinthe au cinquième ou sixième siècle avant J.-C.

Vitruve, né à Vérone ou à Formies, florissait au premier siècle avant J.-C. et vécut très-longtemps. Après avoir servi dans les armées de César, pour la construction des machines de guerre, il composa un traité d'architecture en dix livres et le dédia à Auguste. Cet ouvrage indique de vastes connaissances, mais le style en est peu élégant et quelquefois obscur. Vitruve est le seul des anciens qui ait réduit les principes de l'art de bâtir en formules écrites.

Vignole, né à Vignola, en 1507, décédé en 1573, étudia longtemps à Rome, passa deux ans en France, puis revint en Italie où il éleva plusieurs édifices remarquables. On lui doit un Traité des cinq ordres qui fait encore autorité.

DEUXIÈME PARTIE.

Architecture celtique.

L'architecture *celtique* n'est pas, à proprement parler, une architecture, pour quiconque s'arrête à la grossièreté de ses monuments; on peut toutefois lui en donner le nom, en ce sens qu'elle offre un système arrêté, facile à reconnaître à ses dispositions générales.

Longtemps elle a passé pour être exclusivement l'œuvre des Celtes; mais, depuis qu'on l'a découverte en Afrique et dans certaines parties de l'Europe où ces peuples ne sauraient avoir mis le pied, il semble rationnel d'en reculer l'origine et de l'attribuer à des races plus antiques, tout en lui conservant sa première dénomination.

On la fait même remonter jusqu'à *l'âge de pierre*, ainsi appelé parce que l'homme n'y connaissait point les métaux, et ne se servait que de la pierre pour armes et ustensiles.

Certains archéologues font de cet âge la première époque des temps *préhistoriques*, qu'ils supposent, sans fondement sérieux, précéder toute histoire connue; en d'autres termes, reculer la création de l'homme au-delà des six ou huit mille ans indiqués par les différentes versions de la Bible.

Voici deux courtes propositions pour prémunir les jeunes filles contre les erreurs dogmatiques que de semblables questions peuvent soulever :

1°. Tout ce que la Bible contient est vérité; tout ce que la science émet contre l'affirmation de la Bible est erreur.

2°. La Bible ne donne pas le nombre exact des années écoulées depuis Adam; mais elle condamne toute chronologie qui recule indéfiniment la création de l'homme, aussi bien que tout système qui tend à le montrer comme un être résultant des transformations successives de la matière et de l'animalité.

L'architecture celtique se résume dans le *menhir* et le *dolmen*.

Le menhir, ou *haute-borne*, est un grossier monument d'une seule pierre, dont la hauteur varie de un mètre à cinq ou six mètres, dont la position est verticale, la forme, celle d'une colonne brute, et dont, par une disposition bizarre, l'extrémité la plus volumineuse se porte quelquefois en haut.

La plupart des archéologues regardent ce monument comme une pierre tumulaire ; ce qui autorise cette opinion, c'est qu'en fouillant à la base de certains menhirs, on a découvert des ossements humains.

Un ensemble plus ou moins symétrique de menhirs constitue des *alignements*, qu'on appelle aussi *allées non couvertes*, ou bien des *enceintes*, qu'on désigne sous le nom de *cromlechs*.

La seule différence qui existe entre ces deux combinaisons de menhirs, c'est que, dans le premier cas, les pierres sont disposées sur des lignes parallèles, et que, dans le second cas, elles présentent une forme circulaire ou elliptique. On suppose que les cromlechs et les alignements avaient une destination commune, et on les a regardés tantôt comme de vastes cimetières, tantôt comme des champs de bataille, où l'on aurait élevé des monuments à la mémoire des héros, tantôt comme des temples n'ayant d'autre voûte que celle du ciel, etc.

Le dolmen est un monument formé par une grande pierre plate, disposée horizontalement sur des pierres verticales dont le nombre varie, et détermine, par ses variations, trois sortes de dolmens. Le *dolmen simple*, le *dolmen composé*, le *dolmen incomplet* ou *demi-dolmen*.

Le dolmen simple n'a pas moins de deux pierres verticales, mais il n'en a pas plus de quatre ; dans le dolmen composé, la table, soutenue par un plus grand nombre de pierres, et obligée d'embrasser une plus vaste étendue, n'est pas d'une seule pièce. Si la table ne s'appuie que sur une pierre verticale et repose sur le sol par l'une de ses extrémités, de manière à former une inclinaison rapide, on a le dolmen incomplet ou demi-dolmen.

La forme de ces monuments les a fait regarder comme des autels ; cette opinion est encore fondée sur les rainures que la table présente quelquefois, et qui semblent n'avoir eu d'autre destination que de servir à l'écoulement du sang des victimes, souvent hélas ! de victimes humaines.

On voit encore des autels dans les *trilithes* ou *lichavens*, dont la forme est assez semblable à celle d'une porte rustique : les montants sont représentés par deux pierres verticales ; le linteau, par une pierre horizontale disposée sur les deux autres, et les reliant au sommet.

Une suite plus ou moins considérable de trilithes donne ce qu'on appelle les *allées couvertes* ou *grottes aux fées*, dont la longueur atteint quelquefois vingt mètres, et la largeur, sept mètres. Ces constructions ont pour type le dolmen, et en répètent le système sur une plus grande échelle et dans de plus vastes proportions.

Leur but est encore ignoré ; du reste, celui des autres monuments celtiques ne repose que sur des conjectures, et le mystère l'enveloppe presque autant qu'il enveloppe leur origine.

Les *pierres branlantes* et les *tumulus* appartiennent encore à cette architecture, bien que l'on n'y retrouve pas aussi distinctement que dans les autres constructions dérivées, la ressemblance du dolmen et du menhir.

Deux blocs superposés dont le premier, étant en équilibre, peut recevoir, malgré sa pesanteur, un mouvement d'oscillation plus ou moins marqué, voilà ce qu'il faut entendre par une pierre branlante. Les antiquaires ont envisagé ces sortes de monuments comme des instruments de divination, ou bien encore comme des pierres probatoires : dans le premier cas, ils supposent que le nombre des oscillations était le signe de la bonne grâce ou de la colère des dieux ; dans le second, que l'innocence de l'accusé se prouvait par le mouvement oscillatoire, sa culpabilité, par l'impuissance d'obtenir ce mouvement.

On entend par tumulus des éminences factices, soit en terre, soit en petites pierres, que les anciens élevaient pour servir de tombeaux, ou pour perpétuer le souvenir de quelque événement mémorable. Leur forme était variée, mais le plus habituellement conique.

Quand on fouille dans les tumulus, on y rencontre souvent des flèches, des haches en silex ou en bronze, des poteries grossières, des bracelets, des armures et des bijoux. De telles découvertes rappellent l'usage de certains peuples, et notamment des Celtes, d'enterrer à côté du mort les objets qui lui avaient été précieux.

Quelle que soit l'antiquité que l'on prête aux menhirs, aux dolmens et à leurs dérivés, les tumulus appartiennent à la période historique.

Il ne faut pas les confondre avec les *mottes* féodales, c'est-à-dire, avec ces buttes de terre élevées près des anciens châteaux, comme un signe des droits du seigneur sur le sol, et au pied desquelles il rendait la justice.

Les monuments celtiques se retrouvent surtout en Bretagne; on en possède en Auvergne, notamment à Saint-Nectaire, à Artonne et dans la commune d'Olloix. Du reste, les progrès de l'agriculture et de l'industrie tendent à les faire disparaître chaque jour davantage, et amènent des destructions regrettables au point de vue archéologique.

TROISIÈME PARTIE.

Architecture chrétienne.

L'architecture chrétienne est celle qui fut en usage depuis les premiers siècles de l'Eglise jusqu'au milieu du seizième siècle. Elle a surtout pour objet les monuments religieux, sans exclure les autres.

Son point de départ se retrouve dans les *Catacombes;* ses premiers essais au grand jour ne sont qu'une modification à peine sensible des *Basiliques* romaines.

Après cette époque de début, on la voit se montrer au monde sous les noms successifs d'*architecture byzantine, architecture romane, architecture gothique*, ce qui équivaut à dire : *style byzantin, style roman, style gothique* ou *ogival*.

Des Catacombes et de leur architecture.

Les *Catacombes* furent creusées, dès la plus haute antiquité, pour l'extraction de la *pouzzolane*, terre volcanique, employée avec avantage dans les constructions. Leur agrandissement et l'agrandissement de la ville de Rome marchèrent donc naturellement ensemble ; il en résulta une Rome souterraine. Les Romains, accoutumés à brûler leurs morts, confièrent tout au plus à ces obscurs labyrinthes quelques sépultures exceptionnelles ; les chrétiens des persécutions en firent, au contraire, leur ville de refuge et leur nécropole sainte.

C'est toutefois une opinion qu'ils creusèrent eux-mêmes leurs catacombes, c'est-à-dire, les *catacombes proprement dites* ou *cimetières*, et que leurs restes vénérables ne furent jamais en contact avec un sol foulé par les païens : Les carrières de Rome n'auraient donc été pour eux qu'un asile, plus ou moins secret, servant de vestibule et de sauvegarde aux excavations dont ils étaient les créateurs et dont leurs ennemis ne soupçonnaient pas l'existence. On observe que celles-ci, au lieu d'être creusées, comme les autres, dans la pouzzolane et dans le tuf lithoïde, sont creusées dans le tuf granulaire; qu'elles sont basses, étroites, perpendiculaires, et ne peuvent évidemment avoir servi qu'à des sépultures; tandis que les carrières des anciens Romains sont ouvertes, larges, élevées et arrondies, de façon à laisser entrer des chariots : ainsi la preuve géologique et la preuve locale s'ajoutent à la raison de convenance, pour donner aux Catacombes proprement dites une origine chrétienne.

L'architecture des Catacombes se résume dans les tombeaux ou *loculi*, et dans les chambres ou *cubicula*.

Les loculi se divisent en *tombeaux simples* et en *tombeaux arqués* : les premiers sont des niches oblongues, creusées horizontalement dans le tuf, et étagées, dans les parois d'obscurs et sinueux corridors, comme sont étagés les hamacs dans un vaisseau.

On les subdivise en *loculi des simples fidèles* et en *loculi des martyrs* : ceux-ci se reconnaissent à l'épitaphe ou à la fiole remplie de sang, qu'on trouve incrustée, avec de la chaux, en dehors du sépulcre; la palme désigne tout supplice où il n'y a pas eu effusion de sang. Les tombeaux arqués appartiennent aux cubicula.

Outre leur destination de chapelles funéraires, les cubicula étaient des lieux d'assemblée pour les agapes chrétiennes et pour la célébration du culte divin, particulièrement du saint Sacrifice de la Messe toujours offert sur le tombeau d'un martyr.

Quelques-unes de ces chapelles, plus vastes et plus remarquables que les autres, pouvaient contenir de quatre-vingts à cent personnes; ce sont des basiliques en miniature : on y retrouve la colonne, l'arc et l'hémicycle voûté; aujourd'hui les cubicula ont pour analogues, les chapelles latérales de nos temples gothiques.

Les architectes, les peintres et les sculpteurs des Catacombes étaient des hommes qui se vouaient à l'ensevelissement de leurs frères, et qui attendaient, de jour en jour, la mort pour eux-mêmes. « Dans leur vie de dévouement, il y eut moins de place pour les grands tableaux que pour les grands sacrifices, » suivant la belle expression de Monseigneur Gerbet. Leurs œuvres ne sont donc que des ébauches de l'art chrétien, quelquefois de grossières imitations de l'art païen contemporain; mais déjà l'on y voit resplendir le sentiment de l'infini, et celui de l'honnête n'y fait jamais défaut.

Les pierres des loculi fournissent matière à toute une étude du symbolisme catholique des premiers siècles, et présentent les plus riantes images, ce qui montre combien la pensée de la vie future enchantait les chrétiens primitifs au milieu des angoisses de leur vie présente : c'est la *colombe*, c'est la *lyre*, c'est le *vaisseau*, c'est l'*ancre*, etc. ; c'est enfin le *poisson*, parce que, en employant la langue grecque, on trouve dans ce mot les initiales de *Jésus-Christ*, *Fils* de *Dieu*, *Sauveur*.

Le symbolisme des Catacombes, aussi profond que gracieux, est surtout parfaitement orthodoxe : rien n'y a été laissé à la libre fantaisie des artistes ; l'Eglise a veillé sur leurs œuvres, comme elle veille sur les prédications et sur les livres, pour que tout y soit conforme à la foi.

Il y a plus : les Catacombes sont un catéchisme dix-sept fois séculaire, où l'on peut étudier tout ce que les protestants ont rejeté, comme étant d'institution plus récente, savoir : le culte de la Sainte Vierge et des saints, la vénération des images, la confession, l'Eucharistie, la primauté de saint Pierre, la suprématie de Rome, etc. Les Catacombes, avec leurs monuments, leurs inscriptions, leurs symboles et tous les religieux trésors qu'elles offrent à l'explorateur catholique, attestent l'identité de nos croyances avec celles de l'Eglise des premiers siècles : donc, c'est nous qui sommes en possession du Christianisme primitif, ce ne sont pas les prétendus réformateurs ; nous sommes dans le vrai et ils sont dans le faux.

Des Basiliques romaines et de leur appropriation au culte catholique.

Les *basiliques* romaines étaient tout à la fois des bourses commerciales et des tribunaux de justice. Leur nom signifie *maisons royales*, mais on ne saurait dire au juste pourquoi ce nom leur avait été donné. La forme de ces monuments était celle d'une vaste salle rectangulaire, précédée d'un *porche*, terminée par un *hémicycle* voûté et n'offrant partout ailleurs que de simples planchers à *caissons*. Des alignements de colonnes divisaient cette salle en trois ou cinq parties : au-dessus de la partie médiane existaient presque toujours des galeries latérales, pratiquées sur les colonnes, et présentant elles-mêmes un second étage de colonnes. Un grand nombre de fenêtres versaient au dedans des flots de lumière, et les *cintres* qu'elles décrivaient formaient la seule ornementation du dehors : rien de plus simple que l'extérieur de ces monuments.

Lorsque Constantin, devenu maître de l'Empire, permit à la Religion du Christ de sortir des Catacombes et de paraître au grand jour, elle choisit pour son culte les basiliques romaines, qui, étant des édifices purement civils, n'avaient été souillées par aucun rit païen.

L'hémicycle occupé par le juge et ses assesseurs devint la place de l'évêque et des prêtres assistants. Cet enfoncement demi-circulaire portait le nom de *presbyterium* et les noms de *sanctuaire* et d'*abside* qu'on lui donne encore aujourd'hui ; on leur substitue parfois celui de *chevet*, pour indiquer sa position derrière l'autel.

Le célébrant regardait le peuple, et offrait le saint sacrifice de la Messe au milieu de l'abside, sur un sarcophage antique, orné de sculptures chrétiennes ; quelquefois sur une simple table de porphyre, de marbre ou de tout autre matière précieuse : dans le premier cas, l'autel lui-même renfermait le corps d'un martyr ; dans le second cas, il existait au-dessus d'un caveau appelé *confession*. Rien n'égalait la magnificence de cet autel, que surmontait un riche baldaquin désigné sous le nom de *ciborium*, par allusion à sa forme de coupe renversée. Une colombe d'argent ou d'or, renfermant la sainte Eucharistie, était suspendue au centre du baldaquin. Les *ambons*, ou tribunes destinées aux plaidoiries, restèrent devant l'autel, pour la lecture de l'Epître et de l'Evangile faite par les diacres. L'espace occupé par les plaideurs fut occupé par les prêtres et par les chantres : c'était la partie antérieure de l'enceinte, c'est-à-dire, la partie comprise entre l'autel et la balustrade destinée à séparer les fidèles du clergé ; elle reçut le nom de *chœur*.

La nef du milieu se prolongeait jusqu'au chœur ; entre chaque nef parallèle et l'enceinte, on établit une galerie transversale qui reçut le nom de *transept*: outre sa forme rectangulaire, la basilique prit ainsi la forme d'une croix. Cette croix est dite *Croix latine*, parce que les transepts sont placés au tiers de la hauteur, et forment une branche horizontale plus petite que le montant.

La grande nef resta toujours la moins encombrée ; les moines et les enfants eurent des places fixes dans sa partie supérieure ; les catéchumènes, dans sa partie inférieure, mais seulement pour l'audition de la parole sainte. La masse des fidèles occupa les nefs latérales, hommes à droite et femmes à gauche. Dès le cinquième siècle, on assigna aux vierges et aux veuves consacrées à Dieu les galeries pratiquées sur les colonnades, et ces galeries prirent le nom de *triforium*.

Non contents de l'addition des transepts dans les basiliques, les chrétiens y substituèrent l'arcade à l'architrave, disposition inusitée jusque-là pour ces sortes de monuments, bien qu'elle fût déjà en usage pour certains édifices civils, comme nous l'avons vu. De plus, ils firent précéder les basiliques d'un *atrium*, ou vaste cour carrée, dont le portique abritait les catéchumènes pendant la célébration des offices divins. Au centre de l'atrium s'élevait le *baptistère*, édifice de forme variée.

Parmi les plus remarquables basiliques chrétiennes construites sur le plan des monuments païens du même nom, il faut citer : à Rome, *Saint-Laurent*, *Sainte-Agnès* et *Saint-Paul-*

hors-des-Murs, *Sainte-Marie-Majeure* et *Saint-Jean-de-Latran*; à Toulouse, *Saint-Sernin*.

Architecture byzantine.

L'*architecture byzantine* est celle qui prit naissance à Byzance, après que Constantin en eut fait sa capitale, et qui se perpétua en Orient jusqu'à la chute du Bas-Empire, 1453.

Une double altération de la basilique latine et du style harmonieux de la Grèce antique, une fusion de l'élément romain et de l'élément grec dans un style indigène, qui commençait à se montrer, telle est cette architecture qu'on a aussi qualifiée de *Néo-Grecque*. En traversant les siècles, elle s'approprie encore quelques formes arabes et gothiques.

Voici l'esquisse d'un temple byzantin :

A l'extérieur, forme quadrilatérale des basiliques latines, si ce n'est que le quadrilatère se rapproche plus du carré que du rectangle. Le toit suit une ligne horizontale et ne s'aperçoit même pas. Les fenêtres sont toujours cintrées, mais peu nombreuses. Une voûte hémisphérique, surhaussée, couronne l'édifice et en occupe le centre : on l'appelle *dôme* quand on l'envisage à l'extérieur, et *coupole* quand on veut désigner sa partie concave.

Au dedans, l'édifice a la forme d'une *croix grecque*, c'est-à-dire, d'une croix dont tous les côtés sont égaux, tant le chœur et la grande nef qui forment le montant, que les transepts qui représentent les bras, et ne sont plus situés au tiers de la hauteur, mais au milieu. Le dôme repose sur quatre piliers placés à égale distance; la figure carrée qu'ils décrivent se raccorde avec sa forme circulaire au moyen de *pendentifs* ou portions de voûte. Lorsque le temple est vaste, quatre coupoles plus basses et plus petites que la première surmontent les chapelles du transept. Quant à la coupole centrale, elle ne fait jamais défaut et forme le trait le plus caractéristique de l'architecture byzantine.

Les plus beaux types de cette architecture sont : *Sainte-Sophie* à Constantinople, *Saint-Vital* à Ravenne, *Saint-Marc* à Venise et *Saint-Front* à Périgueux. La basilique de Sainte-Sophie, élevée par les empereurs Justin 1er et Justinien, a été transformée, par les Turcs, en une mosquée qui subsiste encore.

Architecture romane.

L'architecture *romane* est une altération de l'architecture romaine. On l'a encore appelée *Style romano-byzantin*, pour indiquer la fusion de l'art oriental et de l'art occidental sous le ciel d'Occident ; si cette dénomination a du fondement, elle n'en a que très-peu.

L'architecture romane prévalut en Europe du sixième siècle au treizième, si ce n'est en Allemagne, où l'influence orientale fut si grande, qu'on y qualifie de byzantins tous les monuments antérieurs à l'apparition de l'ogive.

Cette architecture admet trois époques :

L'*Epoque primordiale*, de l'an 400 à 1000 ;
L'*Epoque secondaire*, de 1000 à 1100 ;
L'*Epoque tertiaire*
   ou de *transition*, de 1100 à 1200.

Les monuments de la première époque étaient une copie trop barbare et trop maladroite du style romain pour avoir pu échapper à la destruction, et l'on n'en retrouve guère que des vestiges ; néanmoins, on peut citer quelques édifices remarquables, tels que l'église de Vézelay, en Bourgogne, consacrée en 868, et Notre-Dame-du-Port à Clermont-Ferrand. Certains archéologues les regardent comme appartenant au onzième siècle. Pour ce qui est de Notre-Dame-du-Port, des dates authentiques en fixent la première construction au sixième siècle, par saint Avit, deuxième du nom ; la destruction par les Normands, en 840 ; la réédification définitive, par saint Sigon, en 866 : donc l'église de Notre-Dame-du-Port date du neuvième siècle. Il est probable que d'autres belles églises d'Auvergne, telles que celles d'Issoire, de Saint-Nectaire et d'Orcival, ont une antiquité analogue ; elles datent au moins du onzième siècle.

Les architectes mérovingiens et carlovingiens visèrent peu à la solidité des édifices, et se préoccupèrent beaucoup plus de la décoration intérieure, à laquelle ils donnèrent un certain éclat par des mosaïques et par des sculptures assez bien imitées de l'art romain.

La seconde époque fait subir quelques modifications au plan des basiliques latines, si maladroitement copiées dans la première ; elle offre le spectacle d'une architecture qui commence à devenir créatrice.

C'est surtout pour le roman secondaire qu'on a inventé la dénomination de style romano-byzantin ; la fusion des deux éléments aurait été le résultat des pèlerinages en Terre-Sainte et des Croisades.

L'époque tertiaire est éminemment une époque de transformation et de progrès, où l'on voit l'architecture du moyen âge se faire de plus en plus nationale, tout en cessant d'être barbare, et préparer le magnifique épanouissement du style ogival qui devait avoir lieu au treizième siècle.

Voici, en général, comment les édifices romans de premier ordre se rapprochent ou s'éloignent du type basilical.

C'est bien toujours le rectangle terminé par une abside voûtée ; mais des chapelles rayonnent autour de cette abside et les nefs latérales se prolongent autour du chœur. Le transept est plus distinct ; les bras de la croix, fortement accusés, sont décorés à l'est de petites chapelles demi-circulaires, comme dans les temples byzantins : la croix reste latine et n'est grecque que par exception, etc.

Enfin des *Cryptes* ou *Souterraines*, développement de la confession placée sous l'autel, se retrouvent dans la plupart des édifices romans du premier ordre ; lorsqu'elles y manquent, c'est que la nature du sol s'est opposée à leur établissement. Quant à la voûte, les Romans ne connurent pas le secret de l'élever à une grande hauteur; mais, dès le onzième siècle, ils commencèrent à en couvrir tout l'édifice et à la substituer aux plafonds en bois de l'époque primitive.

Tel est le plan; voici maintenant pour les détails et pour l'ornementation. Les colonnes romanes n'ont rien de la régularité et de l'élégance des colonnes classiques en usage chez les Romains : elles sont plus courtes, ont des chapiteaux plus lourds, un fût qui ne se diminue pas en s'élevant, mais dont le diamètre est égal de bas en haut. Toutefois, si les architectes de cette époque violèrent les règles écrites, ils eurent le sens des lois de la perspective. Chacune de leurs colonnes, considérée isolément, se trouve, il est vrai, n'avoir aucune proportion, mais elle est en rapport avec la place qu'elle doit occuper, et contribue ainsi à l'harmonie de l'ensemble. Par exemple, les colonnes du porche, destinées primitivement à supporter une tour, sont lourdes et trapues; celles de l'abside sont légères et inégalement espacées, pour laisser pénétrer la vue sur le siége épiscopal et dans l'intérieur des chapelles rayonnantes. Quant aux piliers carrés des nefs, leur épaisseur s'efface sous de petites colonnes à demi engagées qui ne sont point des supports, mais l'ornement du support véritable.

L'entablement antique était déjà brisé; il n'en restait plus que la partie supérieure. Les Romans appuyèrent cette corniche sur des modillons bizarres, représentant des têtes d'hommes ou d'animaux fantastiques; des feuilles ou des fruits; des volutes, des étoiles à quatre rayons ou des fleurs à quatre pétales, quelquefois même des obscénités. Pour pardonner à nos pères cette inconvenance, inexcusable au premier aspect, il ne faut pas seulement faire la part de leur barbarie, mais se rappeler que tout, dans leur pensée, était symbolique. Un voyageur disait, en regardant les modillons étranges qui soutiennent la corniche extérieure de l'église de Vézelay : « Il y a eu là-dessous une idée; celle de mettre Satan en dehors du lieu saint. » On peut chercher à deviner comme ce voyageur le symbolisme du moyen âge. Quant aux arcades employées dans les constructions romanes, elles sont de quatre sortes : l'*arc plein cintre*, l'*arc surbaissé*, d'origine romaine ; l'*arc surhaussé* et l'*arc en fer à cheval*, d'origine byzantine.

L'arc plein cintre est le type d'où les autres dérivent, ce qui a fait donner à l'architecture romane l'épithète de *cintrée*, par opposition à l'architecture ogivale. Dans le style de transition, l'ogive s'allie au plein cintre.

Pour reconnaître ce style, il faut que la lutte entre le roman et le gothique soit bien accusée, comme, par exemple, à Saint-Amable de Riom en Auvergne. La présence accidentelle de l'ogive peut se rencontrer dans certains édifices de la seconde époque romane, et même de la première ; cela prouve simplement l'antiquité de cet arc.

En résumé, bien que le style roman soit une dégénérescence du style romain, il ne laisse pas que d'avoir du prix, par son caractère général, simple et sévère, qui répond à la gravité du culte catholique.

Architecture ogivale.

L'architecture ogivale est celle qui s'étend du treizième siècle à la moitié du seizième, et qui a pour caractère dominant la généralisation de l'*arc en tiers-point*, dit *ogive*. Le siècle de la Renaissance appela *gothique* cette architecture, voulant ainsi la qualifier de barbare ; cette dénomination, quoique parfaitement impropre, est toutefois parfaitement admise.

L'origine de l'ogive est une question qu'on a longtemps discutée pour la laisser sans solution précise : quelques-uns la font venir de l'Orient par les croisés ; d'autres, par l'intermédiaire des Maures de l'Espagne. Ceux qui l'attribuent aux aspirations religieuses de nos pères du douzième siècle et du treizième lui donnent l'Occident pour berceau ; il en est enfin qui a font naître de l'intersection des cintres.

Voici la conclusion que l'on peut tirer de ces différentes hypothèses :

L'ogive remonte à la plus haute antiquité ; on la rencontre sous tous les ciels et à toutes les époques, mais comme accident, et non comme procédé systématique. Le génie du moyen âge l'a rendue le symbole de ses aspirations chrétiennes, en lui donnant des proportions élancées, inconnues jusqu'alors : non content de cette transformation, il l'a fait entrer comme partie essentielle, dans un tout immense, où resplendissent d'autres caractères saillants ; dans un système complet, vaste et harmonieux auquel elle a donné son nom. Il faut donc établir une différence entre l'origine du style ogival et celle de l'ogive.

L'architecture gothique, ainsi comprise, est une architecture complétement neuve et complétement nationale et chrétienne, où l'élément classique ne se retrouve plus, où l'on ne retrouve pas davantage le cachet barbare. Elle est née de ces peuples qui, après avoir fondé les Etats nouveaux sur les ruines de l'Empire romain, sont devenus les vaincus de l'Eglise, et, à sa lumière, ont marché, de progrès en progrès, jusqu'à cette apogée de civilisation chrétienne où l'art est un rayonnement de la foi.

Tout en reconnaissant l'influence de l'idée religieuse dans la création du style ogival, il faut bien admettre que cette influence n'a pas eu partout les mêmes résultats. Essentiellement démonstrative dans son culte, et couverte d'églises, l'Italie n'a pourtant d'autre cathédrale gothique que la cathédrale de Milan, dite *il Duomo*.

Les caractères principaux du style gothique ou ogival sont : l'*ogive*, l'*arc-boutant*, la hauteur et la généralisation de la *voûte*, l'élancement des *tours*, la variété de l'*ornementation*, l'éclat des *verrières*.

L'ogive, ou arc en tiers-point, est un arc terminé en pointe plus ou moins accusée ; en d'autres termes, deux portions égales de cercle, réunies par un point de section. L'ogive peut être *obtuse, aiguë, équilatérale, lancéolée, surhaussée, surbaissée*, en *talon*, en *doucine*, en *anse de panier*. L'ogive obtuse n'est pas autre chose qu'un plein cintre brisé ; l'ogive équilatérale, une ogive dont les trois points sont à égale distance.

L'arc-boutant ou *arc-rampant*, est un pilier extérieur destiné à soutenir les murs sur lesquels s'appuie une voûte. On l'appelle un arc, parce qu'il représente, au sommet, le quart ou la moitié de cette figure ; l'épithète de boutant lui vient de ce qu'il facilite la poussée des voûtes ; celle de rampant, de ce que les deux extrémités de l'arc sont à des hauteurs inégales. L'arc-boutant s'appuie lui-même sur un autre pilier nommé *contre-fort*.

C'est surtout l'emploi de cet arc qui sépare les gothiques des romans : toute église à arc-boutant est gothique ; une église sans arc-boutant peut être gothique par le sentiment, l'ornementation, les détails ; elle ne l'est pas scientifiquement.

Le système des arcs-boutants a soulevé des opinions diverses : les uns le regardent comme une merveille de construction, les autres, comme une invention vicieuse. Renan ne se contente pas de la critique, il emploie l'injure, et fait, des arcs-boutants de nos cathédrales, une « *forêt de béquilles.* » En effet, ce sont des béquilles qui attestent que les pierres ne se soutiennent pas seules en l'air ; qu'elles ne sauraient être affranchies des lois de la pesanteur, lorsque nous y sommes assujettis nous-mêmes, et que les plus belles œuvres de l'homme se ressentent néanmoins de sa condition d'exilé. Mais, avec ces béquilles nous pouvons opposer fièrement nos temples gothiques au Parthénon d'Athènes ; nous avons des voûtes célestes que l'antiquité ne connut point, que les Romans eux-mêmes ne purent réaliser. Ces voûtes ne s'étendent pas seulement sur une partie de l'édifice, elles le couvrent en totalité, et font de la maison de Dieu, ici-bas, une image du ciel ; en les créant, l'art ogival a atteint le sublime, tandis que l'art grec s'est contenté de la correction et de l'élégance.

Les tours portent encore plus haut que les voûtes l'affirmation du génie chrétien. Carrées à leur début, au huitième siècle, puis octogonales, si ce n'est sur le porche, où elles conservent encore au onzième siècle la forme primitive, on les voit, dès le douzième, transformer leur cône arrondi en une flèche aiguë qui est le plus magnifique symbole de la prière et de l'espérance. Le clocher de Strasbourg s'élève à 142 mètres dans les airs, et c'est ce clocher qu'au dix-neuvième siècle, le fer de l'Allemagne devait atteindre !... Quelquefois la pensée de l'artiste n'est pas achevée ; la tour se termine par une plate-forme où aurait dû s'appuyer la flèche aérienne : il en est ainsi à Notre-Dame de Paris, à Notre-Dame de Reims, etc.

L'ornementation grecque atteignit une perfection admirable, mais demeura dans une stérilité non moins grande ; au contraire, celle des gothiques est féconde comme la pensée catholique. Non contents de décorer leurs chapiteaux par des imitations plus ou moins accusées de l'acanthe corinthienne, ils font des emprunts au lierre, à la renoncule, à la vigne, à toutes les richesses du règne végétal, particulièrement à celles de la flore indigène. L'ornementation des autres parties de l'édifice n'est pas moins variée : les *trèfles*, les *quatre-feuilles*, les *fleurons*, les *roses* ou *rosaces*, les *sculptures des portes*, tels en sont les détails principaux.

Les fleurons creusés dans la pierre sont à quatre ou à cinq pétales, épanouis autour d'un centre en relief.

Les rosaces ont plus d'étendue que les fleurons ; leur centre n'a point de saillie ; le nombre des lobes y est indéterminé.

Rien de symbolique comme les roses dans cette architecture ogivale où tout est symbole. Le cercle, c'est l'éternité, au centre de laquelle Dieu se repose ; les divisions qui s'échappent du centre, et que les vitraux peints font rayonner de mille couleurs, ce sont les anges, les prophètes, les martyrs, tous les saints, la création entière.

Si féconde que soit l'ornementation gothique, elle s'épuise sur les portes : statues et statuettes, dais, pinacles, aiguilles, dentelles, feuilles, fleurs, guirlandes et couronnes, tout y resplendit. Avant de pénétrer dans le lieu saint, le fidèle peut faire une étude religieuse, aussi bien qu'artistique, quand il voit tout autour du grand portail ces longues files d'anges, de patriarches, de prophètes, de rois, ancêtres du Messie, d'apôtres, de martyrs, de confesseurs, dont la succession hiérarchique rappelle que tout se rapporte à Jésus-Christ, et qu'il est le lien des deux Testaments. Sur le tympan du même portail, le Sauveur universel apparaît comme le juge des vivants et des morts. L'entrée est divisée en deux par un pilier, de sorte que le fidèle, qui a l'intelligence du symbolisme chrétien, peut se dire : Je suis libre de choisir ma voie pour arriver à l'éternité, la voie droite ou la voie gauche, celle des justes ou celle des pécheurs.

Il pénètre dans le temple, et croit avoir trouvé le ciel en levant les yeux vers ces lumineuses verrières où l'image des saints lui sourit. L'usage d'en colorier les différentes pièces ou *vitraux* date du dixième siècle, mais c'est aux deux siècles suivants que la peinture sur verre atteignit sa perfection : l'abside de Saint-Denis, l'abside de la cathédrale de Bourges, le chœur de Lyon ont des vitraux qui datent du douzième siècle; les vitraux de la Sainte-Chapelle de Paris, ceux des roses de Notre-Dame datent du treizième et passent pour des types en ce genre. Les cathédrales de Tours et de Bourges possèdent les plus beaux que l'on connaisse.

L'architecture gothique admet trois époques :

1°. *Style ogival primitif* ou à *lancettes*, de 1200 à 1300;
2°. *Style ogival secondaire* ou *rayonnant*, de 1300 à 1400;
3°. *Style ogival tertiaire* ou *flamboyant*, de 1400 à 1550.

On l'appelle encore *Style fleuri*, principalement dans sa dernière phase.

Ces dates ne sont point rigoureuses, surtout si l'on met en regard contrée et contrée, province et province.

CARACTÈRE DE LA PREMIÈRE ÉPOQUE. — Le chœur s'agrandit d'une manière sensible ; le transept n'est indiqué que par l'interruption des faisceaux de colonnes qui divisent les nefs. L'ogive revêt sa forme la plus élancée et la plus pure ; étroites et longues, les fenêtres qu'elle encadre sont comprises sous le nom de *lancettes*, à cause de leur ressemblance avec un fer de lance. Tantôt la lancette est unique; tantôt deux lancettes géminées sont contenues dans une grande ogive, dont la forme est semblable : à son sommet, sur la pointe des deux lancettes, on voit un simple et gracieux dessin découpé en quatre feuilles ou en rosace.

CARACTÈRE DE LA DEUXIÈME ÉPOQUE. — Addition de chapelles latérales dans toute la longueur des nefs. Ces chapelles ne sont jamais antérieures au quatorzième siècle, quand bien même le corps de l'édifice serait du treizième. Les fenêtres prennent plus d'ampleur, mais c'est aux dépens de l'élancement. Cinq légers *meneaux* les surmontent ; leur *amortissement* resplendit de plusieurs admirables rosaces ou autres formes rayonnantes.

CARACTÈRE DE LA TROISIÈME ÉPOQUE. — Des meneaux contournés et bizarres, compris sous les noms de *flammes*, de *cœurs*, de *vessies*, traversent les fenêtres. Les roses deviennent d'une dimension gigantesque, et les colonnes, après avoir successivement transformé leur fût svelte et élégant du treizième siècle en tore et en baguette, passent à l'état de nervures prismatiques. Les *crochets* abondent sur les *clochetons* des tours ; l'ogive des portes prend l'aspect d'une accolade, formée par deux courbes conduites en doucine, et les personnages des vitraux paraissent succomber sous les détails architectoniques. En se diversifiant de plus en plus, l'ornementation devient tourmentée et finit par rencontrer le commun et le vulgaire, telles que les feuilles de choux frisés et de chardon. Les ciselures sont d'une incomparable finesse ; mais, à force de faire du délicat et de l'ingénieux, on sacrifie l'ensemble au détail.

— En un mot, une simplicité empreinte d'élévation et de grandeur, révélant la triple union du génie, du sentiment religieux et de l'oubli de soi-même, tel est le cachet de la première époque.

— L'harmonieuse fécondité à laquelle peut conduire un besoin légitime de progrès ; mais, en même temps, ces premiers symptômes de décadence qui attestent l'infirmité du génie humain, par son inclination à descendre quand il ne peut plus monter, tel est le cachet de la deuxième époque.

— L'afféterie, à laquelle on arrive infailliblement quand on n'a pour but que sa gloire, tel est le cachet de la troisième époque.

Le sentiment religieux allait se refroidissant tous les jours davantage, et la libre-pensée se faisait dans les arts, comme elle devait chercher bientôt à se faire dans les dogmes.

TABLEAU
Pour la coïncidence de l'archéologie chrétienne avec notre histoire nationale.

1°. *Archéologie des Catacombes,* type imparfait, mais fondamental de l'art chrétien.	64	—	312
	1re persécution.	ou	Conversion de Constantin.
2°. *Style basilical* primitif et style basilical dégénéré ou *Roman primaire.*	4e siècle.	—	10e siècle.
		ou	
	Fin de la période gallo-romaine — période mérovingienne — période carlovingienne.		
3°. *Roman secondaire* et *Roman de transition.*	987	—	1180 et 1223
		ou	
	Avénement de Hugues Capet.		Règne de Philippe-Auguste.
4°. *Période gothique.*	1180 et 1223	—	1515 et 1547
		ou	
	Règne de Philippe-Auguste.		Règne de François Ier.
Circonscription plus vaste de la période gothique.	1142	—	1586
		ou	
	Fondation de la cathédrale de Laon.		Achèvement de Notre-Dame de Brou (style fleuri).

Esquisse de chaque Style.

Le roman primaire eut plutôt des décorateurs que de véritables architectes : on n'y visa point à la solidité des édifices ; les plafonds n'offraient aucune ressource contre l'incendie.

Le roman secondaire commence à modifier le plan des basiliques et à donner aux tours une importance capitale. Il crée une ornementation indigène, empruntée au règne végétal, ou composée de figures symboliques d'hommes et d'animaux, parfois de dessins géométriques.

Le roman de transition s'approprie toutes les richesses de l'époque précédente ; il les perfectionne et les accroît.

Le style gothique opère dans l'architecture une transformation complète, qui la rend totalement neuve, nationale et chrétienne. L'ogive s'empare des portes, des fenêtres, des arcades, des voûtes, et entraîne tout l'édifice dans son mouvement d'ascension.

Le style gothique est un immense poëme lapidaire qui présente, dans une sorte d'unité, des variétés incalculables. Chacun des trois ou quatre siècles de sa carrière glorieuse est marqué par des chefs-d'œuvre.

Nuances de chaque style, en rapport avec la variété des écoles et des provinces.

L'*Architecture périgourdine* forme une branche particulière de notre architecture nationale : Saint-Front de Périgueux en est le type, qui s'étend, avec des modifications plus ou moins marquées, à Saintes, à Angoulême, à Cahors, à la cathédrale du Puy.

Le roman de Normandie se distingue de celui d'Auvergne qui, lui-même, diffère du roman de la Provence, du Poitou et de la Bourgogne.

Les nuances du style ogival sont moins sensibles de province à province, que celles du style roman. La différence existe surtout dans l'époque où chaque circonscription de notre territoire adopta ce style. Ainsi, le nord avait déjà ses beaux monuments gothiques, tels que les cathédrales de Laon et de Coutances, que le midi se retranchait encore dans le style cintré.

CATHÉDRALES GOTHIQUES
LES PLUS REMARQUABLES DE LA FRANCE

Notre-Dame de Chartres : 1145-1260. — Cette cathédrale, la plus antique de toutes si l'on remonte à son origine première, est bâtie sur l'emplacement d'une grotte où les druides avaient érigé une statue à celle qu'ils nommaient, comme par une intuition surnaturelle : « *La Vierge qui doit enfanter.* » La statue druidique est devenue la statue miraculeuse à laquelle tous les siècles ont offert des ex-voto, après avoir offert des prières. Notre-Dame de Chartres n'était, dans le principe, qu'une humble église, bâtie au premier siècle par saint Savinien et les autres apôtres du pays. En devenant la magnifique cathédrale qu'on admire aujourd'hui, elle a vu sa grotte primitive se transformer en une crypte de 220 mètres de circuit, sur 5 à 6 mètres de largeur. C'est là que la Vierge druidique a sa chapelle spéciale ; là que notre France fut solennellement consacrée à la Mère de Dieu par Louis le Juste ; là qu'en 1873, elle est venue, Pèlerine malheureuse, pleurer ses fautes et chanter à Marie son hymne d'espérance.

Notre-Dame de Paris : 1160-1259. — Pour la valeur artistique, cet édifice est inférieur à certaines cathédrales, comme Reims, Strasbourg, surtout Amiens. Bâti à l'époque de transition entre le roman et le gothique, il tient un peu de l'un, beaucoup de l'autre, et en résumé toutes les phases, bien qu'ayant été achevé dès la première, quant à l'ensemble et les parties principales. Chaque siècle, y compris le nôtre, s'est occupé de Notre-Dame, soit pour y ajouter ou modifier quelque chose, soit pour en relever les ruines ; mais les divergences de style n'y sont frappantes que pour un œil exercé : la majesté et l'harmonie de l'ensemble, voilà ce qui frappe au premier aspect.

Dès le quatrième siècle, il existait dans Paris une église épiscopale ; la conversion de Clovis la rendit insuffisante, et

Childebert 1er la fit rebâtir. L'évêque Maurice de Sully conçut, au douzième siècle, le projet d'un nouvel édifice plus digne de Dieu et de la fille aînée de l'Eglise : si Notre-Dame de Paris n'est pas le premier temple gothique au point de vue de l'art, elle est donc un des plus vénérables par l'antiquité de sa première origine, elle l'emporte sur tous les autres par son importance historique; on peut dire que toute l'histoire de France a passé sous ses voûtes.

Saint-Denis : douzième et treizième siècle. — Cette cathédrale est en partie l'œuvre de Suger, qui ne fit que bâtir sur l'emplacement de l'abbaye fondée par Dagobert 1er, en 630. Les cryptes catacombales, dites *caveaux de Saint-Denis*, ont servi de sépulture aux rois de France, depuis le même Dagobert jusqu'à la Révolution française.

Saint-Jean de Lyon : — Cette cathédrale primatiale date de la seconde moitié du douzième siècle et ne fut achevée que deux cents ans plus tard. Rien de plus splendide et de plus gracieux à la fois que les trois portails par lesquels on pénètre dans l'antique édifice. La nef centrale est un chef-d'œuvre. L'horloge dont l'admirable mécanisme est dû à un artiste presque oublié, Lippius de Bâle, peut rivaliser avec celle de Strasbourg. Le bourdon se fait entendre à dix lieues à la ronde. En 1839, le Gendre-Héral a doté la cathédrale de Lyon d'une admirable chaire en marbre blanc.

Notre-Dame de Reims : 1212-1242. — Voici un des monuments les plus imposants et les plus magnifiques que nous ait légués le moyen âge. Ses splendeurs historiques égalent ses splendeurs architecturales : c'est là que Jeanne d'Arc, après avoir délivré la bonne ville d'Orléans, conduisit, d'étape en étape, de victoire en victoire, le gentil Dauphin de France pour y être sacré avec l'huile de la sainte Ampoule ; c'est là que nos rois ont reçu l'onction sainte depuis Clovis jusqu'à Charles X. Henri IV fut sacré à Chartres.

Sainte-Chapelle de Paris : 1245-1248. — Bien que la Sainte-Chapelle ne soit pas une cathédrale, on ne peut passer sous silence ce bijou d'architecture, dû à la piété de Louis IX et au génie de Pierre de Montereau. Il est entièrement de la première époque ogivale, et tient tout à la fois de l'église et du reliquaire : de l'église, par l'élévation et la hardiesse des lignes; du reliquaire, par le fini des ciselures et la délicatesse des détails. Le saint roi avait fait construire ce chef-d'œuvre pour y déposer la Couronne d'épines de Notre-Seigneur; aujourd'hui, cette relique inestimable fait partie du trésor de Notre-Dame de Paris.

Notre-Dame d'Amiens : 1220-1288. — Cet édifice date de la plus belle époque gothique, sauf les tours qui appartiennent à la seconde, les chapelles latérales qui sont de la troisième, la flèche centrale qui est de la Renaissance. Quant à ses décors intérieurs, tous les siècles y ont mis la main, depuis le treizième jusqu'au nôtre inclusivement. Cette variété de détails, dans l'unité du style, fait l'admiration des pèlerins et des touristes. La cathédrale d'Amiens mesure 138 mètres de longueur, comme le dôme de Milan, comme les transepts de Saint-Pierre de Rome. Sa largeur est de 32 mètres 65 centimètres; sa hauteur totale, sous voûte, est de 44 mètres dans la nef, de 43 mètres dans le chœur, à raison de l'exhaussement du pavé. La *nef* d'Amiens, le *chœur* de Beauvais, le *portail* de Reims et les *tours* de Chartres formeraient, d'après un vieil adage, la plus belle cathédrale du monde. On a dit encore que Notre-Dame d'Amiens était au-dessus des autres temples gothiques, comme Saint-Pierre du Vatican, est au-dessus des temples modernes de premier ordre.

Saint-Gatien de Tours : 1267-1507 et 1547. La première date marque l'achèvement du sanctuaire, du chœur et des chapelles absidales; les deux dernières indiquent l'achèvement des tours jumelles. Le transept et les portails latéraux sont du quatorzième siècle; la nef et le grand portail, du quinzième. Saint-Gatien porte donc le cachet de toute la période ogivale; ses tours appartiennent à ce gothique fleuri qui confine à la Renaissance et qui est déjà la Renaissance elle-même. L'ornementation la plus variée et la plus délicate les recouvre de la base au sommet, ce qui faisait dire au roi Henri IV : « Voici deux bijoux, il n'y manque que des écrins. » Sous le rapport des dimensions, Saint-Gatien de Tours ne peut être mis au même rang que les cathédrales de Chartres, d'Amiens, de Paris, etc.; mais la construction tout entière est d'une légèreté sans exemple. L'église métropolitaine de Tours est accompagnée de cloîtres qui appartiennent à la Renaissance; sa façade en est aussi.

Notre-Dame de Clermont-Ferrand: 1285-1389. — Toute la partie haute date du treizième siècle; les nefs et les chapelles latérales sont du quatorzième, sauf une travée au sud qui est du quinzième. Les tours, les colonnes situées près des orgues, la façade nord appartiennent au onzième; c'est au mur ouest de l'ancienne église romane qu'ont été repris les travaux destinés à compléter la cathédrale de Clermont. Bien que l'unité de style y fasse défaut d'une manière trop apparente, elle est néanmoins très-remarquable par son abside tout à jour, l'élancement de ses colonnes et la hardiesse de ses voûtes. Depuis le 21 juin 1874, la statue de la Vierge-Mère, inaugurée autrefois par l'évêque Jacques d'Amboise, embellit de nouveau son faîte : elle est là pour avoir préservé l'Auvergne de l'invasion allemande; elle est là pour la protéger dans l'avenir. L'habitant de la cité et le pèlerin des campagnes lui disent: « Notre-Dame du Retour, priez pour nous. »

Cathédrale de Strasbourg: — Strasbourg n'appartenait pas encore à la France quand fut bâtie sa magnifique cathédrale, Strasbourg ne lui appartient plus aujourd'hui; cependant il n'est pas une ville française qui ne considère cette cité comme une sœur. Si les tours gothiques de notre territoire avaient un autre langage que le langage symbolique, elles s'inclineraient avec respect devant la flèche mutilée de Strasbourg en lui disant: Salut, ô toi qui as été frappée parce que tu étais la plus haute et la plus belle; ta gloire fait notre gloire et tes douleurs ont fait nos douleurs !

OEuvre d'Erwin de Steinbach, de Jean son fils, de Jean Hiltz de Cologne et de plusieurs autres, la cathédrale de Strasbourg, commencée en 1277, fut achevée en 1315, en exceptant toutefois son admirable flèche et son horloge astronomique : l'une date de 1439 ; l'autre, de 1573, et la réparation de cette même horloge, longtemps arrêtée, de 1842. Puisse-t-elle sonner bientôt l'heure où l'Alsace sera affranchie !

Nommons encore la magnifique *cathédrale de Beauvais* dont la partie majeure est du treizième siècle, dont les transepts, où l'on voit la salamandre de François 1er, sont du gothique fleuri; la *cathédrale de Bourges*, œuvre du douzième et du quatorzième siècle, remarquable par ses vitraux, ses immenses cryptes et ses nefs latérales doublées, comme à Notre-Dame de Chartres, à Notre-Dame de Paris, etc. Nommons la *cathédrale d'Auch* qui a de beaux vitraux du quinzième siècle ; enfin la *cathédrale de Rouen* commencée au douzième siècle, poursuivie au treizième, terminée dans la dernière époque gothique par le grand portail, la tour dite *tour de Beurre* et quelques autres parties.

Une page de Frédéric Ozanam.

O Notre-Dame de Burgos ! qui êtes aussi Notre-Dame de Pise et de Milan, Notre-Dame de Cologne et de Paris, d'Amiens et de Chartres ; Reine de toutes les grandes cités catholiques, oui vraiment, « vous êtes belle et gracieuse » *pulchra es et decora*, puisque votre seule pensée a fait descendre la grâce et la beauté dans ces œuvres des hommes. Des barbares étaient sortis de leurs forêts, et ces brûleurs de villes ne semblaient faits que pour détruire. Vous les avez rendus si doux, qu'ils ont courbé la tête sous les pierres, qu'ils se sont attelés à des chariots pesamment chargés, qu'ils ont obéi à des maîtres pour vous bâtir des églises. Vous les avez rendus si patients, qu'ils n'ont point compté les siècles pour vous ciseler des portails superbes, des galeries et des flèches. Vous les avez rendus si hardis, que la hauteur de leurs basiliques a laissé bien loin les plus ambitieux édifices des Romains ; et en même temps si chastes, que ces grandes créations architecturales avec leur peuple de statues ne respirent que la pureté et l'immatériel amour.......

«... O Notre-Dame ! que Dieu a bien récompensé l'humilité de sa Servante ! et, en retour de cette pauvre maison de Nazareth, où vous avez logé son Fils, que de riches demeures il vous a données !

VOCABULAIRE

POUR L'INTELLIGENCE DE LA TROISIÈME PARTIE.

Nécropole. — Ce mot vient du grec et veut dire *ville des morts*.

Loculi. — Ce mot signifie la place, l'étroite demeure où les endormis sont déposés. Au singulier, un *loculus*.

Basilique. — Dans le langage ordinaire, basilique est quelquefois synonyme *d'église principale*, aussi bien que *cathédrale* ; il y a toutefois cette différence que la seconde dénomination s'applique particulièrement aux églises gothiques, et la première, aux églises romanes.

Porche. — Lieu couvert placé sur le devant d'un édifice, le plus communément d'un temple. Il ne faut pas le confondre avec portique.

Caissons. — Compartiments symétriques et renfoncés qui divisent un plafond ou une voûte. On borde les caissons avec divers ornements et l'on place une rosace au milieu.

Cintre. — Figure en demi-cercle, arcade ou voûte. Un demi-cercle parfait se nomme *plein cintre*. S'il est plus bas que le plein cintre, on le dit *surbaissé* ; s'il est plus haut, on le dit *surhaussé*.

Sarcophage. — Tombeau dans lequel les anciens mettaient les corps qu'ils ne brûlaient pas. — Cercueil ou sa représentation dans les cérémonies funèbres.

Baldaquin. — Ouvrage d'architecture, en bois, marbre ou bronze, élevé en forme de dôme sur des colonnes et servant à couvrir l'autel d'une église. Le plus célèbre baldaquin est celui de Saint-Pierre de Rome construit par le Bernin ; il est porté sur quatre colonnes torses.

Chœur. — L'étendue et la position du chœur sont sujettes à varier : il est complétement distinct du sanctuaire quand l'autel est au fond ; il semble se confondre avec lui, et n'en est que la partie antérieure, quand l'autel est isolé. En premier lieu, le chœur est dit *chœur ordinaire* ; en second lieu, *chœur à la romaine*. Cette dernière dénomination n'est pas entièrement exacte, parce que dans les basiliques de Rome, le célébrant regarde le peuple, et que dans nos cathédrales, il regarde le fond de l'abside, quelle que soit la position de l'autel : du reste, c'est toujours avec l'Orient devant lui, ce qui montre que l'axe des édifices chrétiens se dirige tantôt de l'ouest à l'est et tantôt en sens inverse. Les premières basiliques n'avaient pas d'orientation déterminée. Depuis le douzième siècle deux rangées de stalles divisent ordinairement le chœur en *haut-chœur*, réservé aux prêtres, et en *bas-chœur*, réservé aux chantres. — Dans les églises orientales, le chœur occupait le fond, et le sanctuaire se trouvait placé entre ce chœur et la nef.

Triforium : — Le triforium des basiliques, le triforium roman et le triforium ogival n'ont pas le même aspect. On connaît le premier ; il était spacieux et pratiqué au-dessus des nefs latérales. Quelques archéologues lui refusent le nom de triforium. Le second et le troisième, ménagés dans l'épaisseur du mur et circulant autour de la nef centrale, existent entre cette série de hautes fenêtres qu'on appelle le *clair-étage* et les arcades du rez-de-chaussée. Il forme une galerie étroite qui s'ouvre sur la nef par une série d'ouvertures, divisées, chacune, en trois parties ou *trois portes*, d'où vient le nom de triforium. Le triforium roman et le triforium gothique diffèrent l'un de l'autre, en ce que le second est beaucoup plus étroit que le premier. A partir du quatorzième siècle, il est quelquefois transparent, tandis que jusqu'à cette époque le jour ne lui arrive que par la nef.

Portique. — Suite d'arcades ou de voûtes supportées par des colonnes ou des pilastres, et formant une galerie ouverte par devant. Outre le portique de l'atrium, les basiliques en eurent un autre situé entre celui-ci et la nef. C'est là que les catéchumènes étaient admis pour l'audition de la parole sainte ; il portait le nom particulier de *narthex*. C'est par abus qu'on a étendu ce nom aux porches de nos églises du moyen âge.

Coupole. — Bien qu'en architecture, il faille établir une différence entre le dôme et la coupole, les Italiens désignent par le seul nom de *cupola* la partie convexe et la partie concave de la construction. — Le style byzantin n'a pas inauguré la coupole ; les Romains occidentaux la connurent et en firent un grand usage. La plus célèbre et la mieux conservée de toutes les coupoles que nous ait léguées leur art, est celle du *Panthéon*, aujourd'hui *Sainte-Marie-aux-Martyrs*, vulgairement *Sainte-Marie-de-la-Rotonde*, à cause de sa forme entièrement circulaire. Les Grecs ne nous ont transmis qu'un unique et petit monument de ce genre : c'est ce qu'on nomme *lanterne de Démosthènes* ou *lanterne de Diogène*.

Mosaïque. — Ouvrage de rapport, où, par le moyen de petites pierres et de morceaux de verre différemment coloriés, on représente des figures et même des tableaux.

Crypte. — Le mot crypte signifie *lieu caché* et s'applique, en archéologie, de trois manières.

1°. A des grottes naturelles ou factices ayant servi, comme les Catacombes, de refuge aux chrétiens persécutés.

2°. Au caveau de martyr placé sous l'autel et portant le nom particulier de *confession*.

3°. Aux églises souterraines de la période romane. Avec le style ogival, c'est-à-dire, à mesure que les voûtes montent plus haut, les cryptes disparaissent, comme un signe que la religion n'a plus rien à craindre et que toutes les aspirations sont au ciel. Si quelques cathédrales gothiques possèdent des cryptes immenses, c'est qu'elles ont été commencées avant le treizième siècle. Une crypte peut exister quelquefois à l'état de souvenir ; telle est celle de Lourdes.

Il duomo ou *le Dôme*. — En Italie, cette dénomination s'applique à toutes les églises cathédrales.

Contre-fort. — Quelquefois le contre-fort existe seul et soutient directement les murs.

Voûte. — Construction en arc de cercle, formée par l'assemblage de pierres en coin qui appuient les unes sur les autres : on les nomme *voussoirs* ; le voussoir du milieu s'appelle *clef de voûte*. Une voûte peut être à *plein cintre* ou en *ogive*; dans le premier cas, on l'appelle aussi *en berceau*. Elle peut être *surbaissée*, *surélevée*, *cylindrique*, *hélicoïde*, *en coupole*, etc. Enfin une seule et même voûte est quelquefois l'assemblage et la combinaison de plusieurs portions de voûte d'espèces différentes.

Tour. — Bâtiment de forme ronde ou à plusieurs faces, et d'une grande hauteur par rapport à la base, qui tantôt flanque les murs d'une ville, d'un château, tantôt soutient une coupole, tantôt surmonte la façade ou le transept d'une église, tantôt enfin s'élève isolé. La tour la plus haute et la mieux fortifiée d'un château se nomme *donjon* ; une tour d'où l'on fait le guet et où il y a une cloche pour sonner l'alarme, *beffroi*. Le mot beffroi s'étend à la grosse cloche d'une tour et à la charpente qui la soutient. Une tour surmontée d'un fanal et établie sur les côtes maritimes, pour indiquer aux navigateurs le voisinage de la terre et l'entrée du port, est un *phare ;* une tour renfermant les cloches d'une église, un *clocher :* un petit clocher à jour se nomme *campanile*. Les tours des églises ne furent construites dans le principe que pour contenir des cloches ; plus tard, on les multiplia pour la beauté du coup d'œil. — Il est à remarquer que l'usage des cloches est antérieur à l'usage des clochers : l'un date probablement du cinquième siècle; l'autre, du huitième.

La tour de Rouen, dite *Tour de Beurre*, fut ainsi appelée des aumônes offertes par les fidèles, en compensation de l'abstinence du beurre pendant le carême.

Dais. — Synonyme de baldaquin. On se sert particulièrement de cette expression pour indiquer le couronnement des statues dans les églises gothiques.

Pinacle. — Espèce de pyramide très-ornée qu'on rencontre fréquemment dans l'architecture ogivale.

4

Tympan des portes. — Partie renfermée entre le linteau et l'arcade.

Meneau. — Montant ou traverse qui partage une fenêtre en plusieurs portions.

Amortissement. — Couronnement du faîte d'un édifice et, par extension, de tout morceau d'architecture.

Crochet et crosse. — Le crochet est une feuille végétale à peine recourbée ; la crosse, une feuille dont l'extrémité forme une volute très-manifeste.

Clocheton. — Ce mot, qui signifie exactement petit clocher, s'emploie, en architecture, pour désigner le couronnement d'une tour, d'un contre-fort, des angles d'une façade. Au onzième siècle, c'est un cône arrondi ; il prend la forme d'une flèche à partir du douzième, s'orne peu à peu de crochets, de fleurons, etc., et se termine au quinzième par une coupole.

Travée. — Galerie entre deux poutres.

Faîte ou *comble.* — Assemblage de toute la couverture d'un bâtiment.

ARCHITECTES.

Pierre de Montereau. On l'a confondu à tort avec Eudes de Montreuil, architecte contemporain.

Lippius de Bâle, *Erwin de Steinbach* ne sont pas, avec Pierre de Montereau, les seuls architectes à mentionner. Plusieurs autres noms ont passé à la postérité ; mais la plupart de ces grands artistes chrétiens ont voulu vivre et mourir ignorés : c'étaient des évêques, souvent aussi des abbés, des moines, qui dressaient leurs plans dans la solitude, et y préparaient les décors de la maison de Dieu, pendant que des populations entières s'organisaient en confréries pour l'élever. — Dès le 15e siècle, on ne vit plus guère que des architectes avides de gain et de renommée.

QUATRIÈME PARTIE.

Architecture de la Renaissance.

L'architecture de la Renaissance est celle qui s'étend, dans sa plus vaste période, du siècle de Léon X et de François 1er au siècle de Louis XIV, et qui marque la première phase d'un retour à l'art grec et à l'art romain. Il serait difficile de renfermer sa durée dans un cadre rigoureux, puisqu'elle existait en Italie avant de s'introduire en France, et qu'en France même, elle était en pleine floraison pour les édifices civils, lorsqu'on bâtissait encore des églises dans le style gothique.

Cette architecture se compose de trois éléments : l'élément classique, l'élément ogival de la dernière époque, l'élément fantaisiste.

Au lieu des faisceaux de colonnes gothiques, on revient aux ordres complets, et on les superpose, sans en observer les rigoureuses proportions. L'ogive existe encore, mais comme souvenir seulement, le plein cintre reparaît et ne tarde pas à se généraliser. Les transepts des églises sont tantôt à la partie supérieure, comme dans la croix latine; tantôt au milieu, comme dans la croix grecque. La flèche des tours disparaît définitivement; on la remplace par une pyramide tronquée ou par une coupole hémisphérique surbaissée. Toute voûte tend à se rapprocher du sol.

L'ornementation de la Renaissance est très-riche et les contours y sont d'une admirable finesse : rosaces, *cartouches*, *arabesques* et rinceaux; médaillons, où l'on a représenté les personnages marquants de l'époque, tels en sont les principaux détails.

En résumé, les traditions de l'antiquité et celles de l'art chrétien se modifient suivant le caprice des artistes; on les voit s'allier aux plus brillantes fantaisies. L'architecture de la Renaissance n'est pas complétement classique, elle n'est pas non plus complétement nationale et chrétienne : c'est un style de transition.

La peinture sur verre reproduit à cette époque les belles conceptions d'Albert Durer, de Raphaël, du Primatice, etc. ; mais, en cherchant à faire des tableaux, elle nuit à l'unité d'aspect. Ces ombres et ces reflets du clair-obscur, ces sites et ces lointains agréables, cette variété de costumes et de portraits, en un mot, tous ces procédés de la peinture ordinaire, ne sont employés par le verrier qu'au détriment des qualités de son art, peinture décorative faite plutôt pour éblouir par l'éclat de l'ensemble que pour attacher par la perfection des détails. Ainsi, au moment où la peinture sur verre pensait avoir atteint son apogée, et produisait, en effet, de très-belles créations, elle commençait sa décadence.

Quelques vitraux sont encore resplendissants de coloris, mais peu à peu les teintes s'affaiblissent et l'on finit par adopter, pour l'œuvre entière, le clair-obscur des Italiens, c'est-à-dire, cette peinture en *grisaille*, qui n'est pas autre chose qu'un ensemble de jaune pâle et de gris jaunâtre, formant une seule couleur à deux tons, l'un clair et l'autre foncé.

Telle est la peinture sur verre de 1500 à 1620. Depuis cette époque jusqu'au milieu du dix-septième siècle, elle décline toujours davantage, pour s'éclipser enfin totalement : l'idéal chrétien s'est enfui.

La statuaire devient surtout réaliste ; certains sculpteurs vont jusqu'à représenter sur des tombeaux le mort rongé par les vers.

Ce qu'il y a de plus triste, c'est le retour aux formes païennes, et l'alliance qu'on établit, dans certaines églises, entre les sujets profanes et les sujets religieux.

La Renaissance a fort heureusement élevé plus d'édifices civils, plus de palais, de châteaux, d'hôtels et de villas que de temples chrétiens. On lui doit le château de Chambord, construit sous François 1er, en 1533, acheté par souscription en 1821, et offert à Monseigneur le Duc de Bordeaux, représentant du principe de la monarchie traditionnelle, héritier légitime de la couronne de France. On lui doit le château de Fontainebleau qui, après avoir été dès Robert 1er une résidence royale, reçut sa transformation et ses agrandissements de François 1er, Henri II, Henri IV, Louis XIV et Napoléon. Les Tuileries et l'Hôtel-de-Ville de Paris, brûlés par l'affreuse commune de 1871, étaient dans le style de la Renaissance ; la moitié de la façade du Louvre, dite *façade de l'horloge*, et la galerie du même palais lui appartiennent.

Parmi les constructions religieuses, il faut citer, outre celles qu'on a déjà mentionnées, la façade de Saint-Michel à Dijon, le clocher de Bayonne, le *jubé* de Limoges, quelques parties de Saint-Etienne-du-Mont, qui est, du reste, une église ogivale bâtie entre 1517 et 1563, à une époque où le style de la Renaissance était déjà très en vigueur pour les édifices civils.

La gloire de cette architecture, c'est de nous avoir donné le temple le plus grandiose et le plus magnifique du monde chrétien, la basilique de la catholicité, l'immortel Saint-Pierre de Rome que le Bramante éleva jusqu'à l'entablement, et dont la coupole de 140 mètres d'élévation et de 43 mètres d'ouverture, est l'œuvre de Michel-Ange. Les partisans exclusifs du style ogival, en reprochant à Saint-Pierre son architecture païenne, n'ont pas réfléchi à sa forme de croix latine et à sa coupole si large et si haute. Il semble à celui qui prie sous cet admirable pavillon que le ciel se soit incliné vers la terre, et quand, après avoir gravi des marches innombrables, il se trouve enfin au sommet de la plate-forme d'où il voit les montagnes s'aplanir, c'est lui qui semble avoir touché le ciel. S'il rentre dans l'édifice pour en examiner l'ensemble et les détails, 220 mètres de longueur et 155 mètres de largeur se déroulent sous ses yeux ; mais avec une telle harmonie qu'on ne s'aperçoit pas tout d'abord de ce qu'il y a de colossal dans ces dimensions : le temple se développe à mesure qu'on avance, et l'observateur marche de surprise en surprise, de ravissement en ravissement.

Trois fois l'année, le vicaire de Jésus-Christ, porté sur la *sedia gestatoria*, apparaît au balcon pontifical de la façade de Saint-Pierre, pour donner sa bénédiction à la ville et au monde. Heureux qui se trouve alors sur la place du Vatican où l'univers entier a ses délégués! Il peut se dire : La main du Docteur infaillible de la Vérité s'est étendue sur moi ; j'emporte dans mon cœur comme une vision de Dieu.

Le premier plan de la basilique de Saint-Pierre, sans être exempt de défauts, avait été conçu par un maître dont le style offrait un mélange de simplicité et d'ampleur, de grandeur dans l'ensemble et de finesse dans les détails ; malheureusement la solidité manqua à la construction. Les successeurs immédiats du Bramante ne purent faire autre chose que de la consolider ; Michel-Ange y opéra quelques réformes, avant d'en prendre la suite, et transforma en croix grecque la croix latine du Bramante. Maderno exécuta la façade, partie la plus défectueuse du monument, et revint à la croix latine. Après avoir subi des modifications nombreuses, qui en expliquent les défauts, l'œuvre fut achevée, au dix-septième siècle, par les magnifiques portiques extérieurs du Bernin et son baldaquin du maître-autel : c'est ce qu'on appelle *la confession de Saint-Pierre*. La basilique vaticane avait occupé le génie de treize architectes ; toutefois la gloire à peu près exclusive en revient au Bramante et surtout à Michel-Ange, dont le mérite propre est la grandeur morale de l'édifice.

L'église des Invalides et celle de Sainte-Geneviève à Paris, etc., ont été construites sur le modèle de Saint-Pierre de Rome ; mais la croix décrite par ces deux monuments est une croix grecque. Le premier date du règne de Louis XIV ; le second, de 1758 à 1790. L'Assemblée nationale en fit le *Panthéon* français destiné à recevoir les restes des grands hommes. Rendu au culte en 1821, il reprit son nom de Sainte-Geneviève, pour le perdre de nouveau après 1830, et le retrouver définitivement en 1852.

Saint-Pierre de Rome a encore servi de type à Saint-Paul de Londres.

VOCABULAIRE

POUR L'INTELLIGENCE DE LA QUATRIÈME PARTIE.

Cartouche. — Ornement au milieu duquel on ménage un espace destiné à recevoir une inscription, une devise, des armoiries, etc. Le cartouche se place au frontispice d'un édifice, au bas d'un tableau, d'une carte de géographie, etc.

Arabesques. — Ornements surtout à la mode chez les Arabes, mais que les Romains connurent avant eux. C'est une combinaison de figures diverses, telles que feuillages, fruits, animaux, êtres imaginaires, caractères d'écriture, etc. Les véritables arabesques n'ont point de figures d'hommes et d'animaux, parce que la loi de Mahomet interdit ces sortes de représentations ; les Européens, que cette défense ne saurait atteindre, en font usage.

Jubé. — Tribune en forme de galerie qui, dans certaines églises, sépare le chœur de la nef et où le diacre montait autrefois pour lire l'Evangile des messes solennelles ; le jubé avait remplacé l'ambon. On ne trouve aucune trace de jubés avant le quatorzième siècle ; tous ceux que l'on connaît en France sont du quinzième ou du seizième. — Le mot jubé vient de la première parole que prononçait le diacre en demandant la bénédiction à l'officiant : *Jube*, ordonnez.

PEINTRES.

Albert Durer naquit à Nuremberg, en 1471, et mourut en 1528, après s'être distingué comme peintre, comme architecte et surtout comme graveur. On admire dans ses œuvres une constante vérité d'observation.

Raphaël Sanzio, assez connu pour le plus grand des peintres modernes, ne se distingua pas moins comme architecte. Il était né à Urbin en 1483, et il mourut en 1520.

Le Primatice, peintre, architecte et sculpteur italien, fut appelé par François 1er. Il dirigea les embellissements du château de Fontainebleau et donna une grande impulsion aux arts du dessin en France.

ARCHITECTES.

Le Bramante, né en 1444, mort en 1514, fut employé par le pape Jules II.

Michel-Ange Buonarotti, architecte, sculpteur, peintre et poëte, génie fier et sublime, naquit en 1474, et mourut en 1564, après avoir joui de la faveur des papes Léon X, Paul III et Jules III.

Carlo Maderno, architecte lombard, très-inférieur au Bramante et à Michel-Ange, poursuivit les travaux de Saint-Pierre sous Paul V, ou plutôt acheva l'édifice proprement dit. Maderno était né en 1556, il mourut en 1629.

CINQUIÈME PARTIE.

Architecture moderne et contemporaine.

L'architecture moderne est celle qui s'étend du siècle de Louis XIV, surtout de la dernière moitié, à la Révolution française, et qui marque la seconde phase d'un retour à l'art grec et à l'art romain. Cette seconde phase a pour caractères un abandon complet de l'art ogival, un mépris analogue des brillantes fantaisies de la Renaissance, un retour plus ou moins heureux, mais sincère, à l'élément classique.

Le règne de Louis XIV est le plus beau moment de l'architecture moderne : c'est alors que Perrault éleva la colonnade du Louvre ; Bruant, l'hôtel des Invalides ; Mansard, le château de Versailles. Le grand roi avait un tel amour pour son féerique palais, que, fatigué de le voir parcouru sans plan, sans méthode, il prit le soin d'en écrire lui-même l'itinéraire. Des courtisans le transcrivirent sur un magnifique vélin qu'on a retrouvé de nos jours.

Le *style Louis XV* est une forme ou plutôt une dégénérescence du style moderne, ce qui lui a fait donner le nom de style *rococo, vieux goût français*. C'est l'emploi d'une ornementation lourde et tourmentée, des colonnes à tire-bouchon, des architraves en papillote, des frontons brisés de toutes formes, des entrelacements bizarres, des *rocailles*, etc. Clermont-Ferrand possède deux types de ce genre, savoir, l'église de Saint-Pierre-les-Minimes et la chapelle des Carmes-Déchaux.

Bien que le style Louis XV soit vicieux en lui-même, il a produit des monuments et des objets d'art très-remarquables, tant il est vrai que tout se transforme entre les mains du génie. L'architecte Gabriel travailla à réagir contre le mauvais goût, sans pouvoir l'éviter complétement lui-même.

Avec le règne de Louis XVI, une brusque réaction appauvrit l'architecture, sous prétexte de revenir à la pureté antique.

Quant à la Révolution, loin d'édifier, elle n'a fait qu'entasser des ruines.

Plusieurs églises de Paris ont été construites dans le style moderne : Notre-Dame-des-Victoires ou des Petits-Pères, commencée sous Louis XIII et terminée en 1740 ; Saint-Thomas-d'Aquin, 1682, 1740 et 1787 ; Saint-Roch, 1653, 1736 ; Saint-Sulpice, la plus remarquable, 1665, 1745.

L'architecture contemporaine s'est vue successivement représentée par trois écoles :

L'Ecole classique,
L'Ecole romantique,
L'Ecole mixte.

Le caractère de l'école classique est une imitation presque exclusive de l'antiquité romaine. Elle prévalut en France depuis le règne de Napoléon Ier jusqu'au règne de Louis-Philippe, et se consacra particulièrement aux édifices commémoratifs des triomphes de l'Empire.

Parmi les monuments religieux de cette école, il faut citer l'église de la Madeleine, commencée en 1764, dans le style grec, transformée par Napoléon Ier en *temple de la Gloire*, et définitivement achevée par la Restauration, qui la rendit à sa destination primitive. La Madeleine ne fut consacrée qu'en 1842. On y admire le bas-relief du Jugement dernier décorant le fronton de la façade principale.

Avec la Restauration, l'école classique nous a donné deux églises sur le plan des basiliques romaines : Notre-Dame-de-Lorette et Saint-Vincent-de-Paul à Paris.

L'école romantique, née du souffle des littérateurs de l'époque, professe une admiration exclusive pour l'architecture ogivale du treizième siècle.

L'école mixte tient le milieu entre les deux autres ; en d'autres termes, elle ne rejette aucune architecture.

Cette école nous a conduits à un *éclectisme* complet. Notre siècle n'a pas de style qui lui soit propre, si ce n'est pour les inventions nouvelles, telles que *gares*, *viaducs*, etc.

Du reste, son œuvre capitale est l'achèvement et la restauration des édifices. Comme restaurateur, le dix-neuvième siècle est bien plus intelligent que ses deux devanciers. Ce qu'on a appelé le *vandalisme qui restaure* n'est pas malheureusement un type perdu ; mais on le rencontre moins fréquemment que dans le dix-septième siècle, surtout dans le dix-huitième où un pieux évêque, Monseigneur d'Orléans de la Motte, semblait se complaire à gâter sa belle cathédrale d'Amiens.

La peinture sur verre est elle-même remise en honneur et, pour ne citer qu'un nom, cher à l'Auvergne, Monsieur Emile Thibaud, de Clermont-Ferrand, a doté les églises du Midi de chefs-d'œuvre, où se tiennent étroitement embrassés le génie de l'artiste et le sentiment religieux du chrétien.

VOCABULAIRE
POUR L'INTELLIGENCE DE LA CINQUIÈME PARTIE.

Rocaille. — Nom donné, dans l'architecture rustique, à certaines constructions, telles que voûtes, grottes, salles, etc., faites en coquillages ou en pierres brutes, soit naturelles, soit factices.

On a aussi donné ce nom à de petits meubles à la mode sous Louis XV et imitant le genre rocaille, c'est-à-dire, des grottes, des rochers, des amas de coquillages.

Eclectisme. — Choix que l'on fait dans des systèmes déjà connus.

Viaduc. — Pont en arcades construit au-dessus d'une route, d'une rivière, etc., pour le passage d'un chemin de fer.

ARCHITECTES.

Claude Perrault, né en 1613, mort en 1688, se distingua à la fois par l'imagination et le goût. Beauté des proportions, pureté des profils, élégance des formes et des ornements, correction des détails et fini de l'exécution, rien ne manque à son Louvre. L'édifice tout entier, dont l'architecture réunit au plus beau style antique celui de la Renaissance, est le plus vaste et le plus magnifique palais de l'Europe.

Libéral Bruant. Le style de cet architecte est noble, grand et simple. Bruant a créé l'hôtel des Invalides, mais non pas le dôme qui est l'œuvre de Hardouin Mansard.

Hardouin Mansard. Outre le château de Versailles et le dôme des Invalides, on lui doit encore la place Vendôme, celle des Victoires, etc. Il était né en 1645; il mourut subitement en 1708.

Ange Gabriel, né en 1710, mort en 1782, créateur du château de Compiègne, de l'École militaire, son chef-d'œuvre, etc.

ÉPILOGUE.

Naguère encore, la Mère de Dieu apparut à une petite enfant pleine de douceur et d'ingénuité, et souffla dans toutes les âmes le sentiment de sa présence. Bernadette seule vit Marie; mais les masses qui suivaient les pas de Bernadette sentirent que Marie était là.

Au-dessus de la grotte de Massabielle, foulée par le pied nacré de l'Immaculée-Conception, s'élève aujourd'hui une blanche basilique qu'on dirait être un édifice du treizième siècle remis à neuf par les anges, et soutenu de leurs ailes comme par autant d'arcs-boutants invisibles. C'est le joyau des Pyrénées, c'est le phare du pèlerin, c'est le temple de la France catholique. C'est là qu'on vient avec des chants, des prières et des espérances; c'est de là qu'on repart avec des souvenirs immortels et des alleluia sans fin.

O Notre-Dame de Massabielle, donnez un regard à cet essai, aux jeunes filles qui le liront et au timide auteur qui vous l'offre.

Monastère des Ursulines de Clermont-Ferrand,

Le 4 octobre 1874, en la fête de Notre-Dame du Saint Rosaire.

TABLE DES MATIÈRES.

	Pages.
NOTIONS PRÉLIMINAIRES................................	5
Vocabulaire pour l'intelligence des Notions préliminaires.	8
PREMIÈRE PARTIE. — Architecture classique ou païenne...	10
Vocabulaire pour l'intelligence de la première Partie...	17
Architectes...................................	19
DEUXIÈME PARTIE. — Architecture celtique...........	20
TROISIÈME PARTIE. — Architecture chrétienne.........	24
Des Catacombes et de leur architecture.............	24
Des Basiliques romaines et de leur appropriation au culte catholique............................	27
Architecture byzantine.........................	29
Architecture romane...........................	30
Architecture ogivale...........................	33
Tableau pour la coïncidence de l'archéologie chrétienne avec notre histoire nationale....................	39
Cathédrales gothiques les plus remarquables de la France.	41
Une page de Frédéric Ozanam....................	45
Vocabulaire pour l'intelligence de la troisième Partie....	46
Architectes...................................	50

	Pages.
QUATRIÈME PARTIE. — Architecture de la Renaissance...	51
Vocabulaire pour l'intelligence de la quatrième Partie.	55
Peintres..	55
Architectes...	56
CINQUIÈME PARTIE. — Architecture moderne et contemporaine..	57
Vocabulaire pour l'intelligence de la cinquième Partie...	58
Architectes...	59
ÉPILOGUE	61

FIN DE LA TABLE.

CLERMONT, TYP. FERDINAND THIBAUD.

www.ingramcontent.com/pod-product-compliance
Lightning Source LLC
LaVergne TN
LVHW052059090426
835512LV00036B/2362